Träume den Traum des Schamanen

*Zum Buch*

In diesem autobiographischen Buch erzählt Merilyn Tunneshende von der überwältigenden Kraft ihrer körperlichen und spirituellen Heilung. Schon immer von der Kultur der Maya angezogen, bricht sie nach dem College auf, um die mexikanische Tempelstadt Palenque zu erforschen. Am Ziel erwartet sie ein faszinierender Schamane – der ihr bereits zuvor im Traum erschienen ist. Er zeigt ihr, wie er mit Energien heilt, und auch sie entdeckt an sich die natürliche Gabe, Energien zu sehen und zu lenken. Doch muß sie den uralten Lehren der Schamanen gemäß erst in einem Prozeß der Transformation den Tod überwunden haben, um andere heilen zu können. Bewußtseinsverändernde Träume und Visionen ziehen sie immer tiefer in die mexikanische Vergangenheit. Nach einem traumatischen Erlebnis entdeckt sie verzweifelt, daß sie selbst an einer tödlichen Krankheit leidet. Sie weiß: Nur wenn ihr die Transformation gelingt, an der sie bereits einmal gescheitert ist, kann sie zu einem neuen – geheilten – Energiestatus finden.

Merilyn Tunneshende erzählt packend von ihrer körperlichen und spirituellen Heilung durch schamanische Kräfte. Zugleich gewährt sie dem Leser einen faszinierenden Einblick in die uralte Kultur der Maya.

*Zur Autorin*

Merilyn Tunneshende verbrachte nach ihrem Universitätsabschluß in Spanisch und Religion/Philosophie einige Jahre mit Forschungsarbeit und Reisen in Mexiko. Dort erfuhr sie eine umfassende Einführung in den Schamanismus. Heute lehrt sie selbst schamanische und visionäre Heiltechniken.

Merilyn Tunneshende

# Träume den Traum
# des Schamanen

Die wahre Geschichte einer spirituellen Heilung
in den Tempeln der Maya

Aus dem Amerikanischen
von Andrea Fischer

Econ & List Taschenbuch Verlag

Econ & List Taschenbuch Verlag 1999
Der Econ & List Taschenbuch Verlag ist ein Unternehmen der
Verlagshaus Goethestraße GmbH & Co. KG, München
Deutsche Erstausgabe
© 1999 für die deutsche Ausgabe by Verlagshaus Goethestraße GmbH & Co. KG,
München
© 1996 by Merilyn Tunneshende
Titel des amerikanischen Originals: Medicine Dream
(Hampton Roads Publishing Co., Inc., Charlottesville, NA, USA)
Aus dem Amerikanischen übersetzt von Andrea Fischer
Umschlagkonzept und -gestaltung: HildenDesign, München – Stefan Hilden
Titelabbildung: HildenDesign, München – Stefan Hilden
Lektorat: Birgit Förster
Gesetzt aus der Minion, Linotype
Satz: Josefine Urban – KompetenzCenter, Düsseldorf
Druck und Bindearbeiten: Ebner Ulm
Printed in Germany
ISBN 3-612-18006-1

# Widmung

Dieses Buch ist all jenen gewidmet, die träumen.
Außerdem widme ich es M. Tehenna aus Yuma, Arizona,
Chon aus Soteapan, Veracruz, und Carlos Castaneda.

# Danksagung

Ich möchte meinem Verleger, John Nelson, meine persönliche Wertschätzung aussprechen, der das Archetypische in meinem Werk erkannte und Himmel und Erde in Bewegung setzte, damit es veröffentlicht wurde.

*»Ich möchte mit dir machen,
was der Frühling mit Kirschbäumen macht.«*

Pablo Neruda

# Einleitung

Mitte der siebziger Jahre studierte ich mit großem Interesse alte Sprachen und Religionen. Mein Ziel war es, in ein ganz spezielles Doktorandenprogramm aufgenommen zu werden. Mein damaliger Verlobter war ein ehrgeiziger irischer Schriftsteller, dem es die Abenteuer der Landstraße angetan hatten. Für die Zeit nach unserem Studienabschluß planten wir einen Eisenbahntrip durch die Vereinigten Staaten bis nach Mexiko. Nach seinem plötzlichen tragischen Tod fühlte ich mich verpflichtet, unsere Pläne in die Tat umzusetzen und die Reise zu seinem Gedächtnis zu anzutreten.

Dabei lernte ich einen Yuma-Indianer kennen, den ich in diesem Buch John Black Crow nenne. Das ist kein traditioneller Yuma-Name, sondern es symbolisiert nur einen Aspekt seiner Persönlichkeit. Sein wirklicher Name hat eine unübersetzbare Bedeutung. Meine Art der Beziehung zu John war keine lange, formelle Unterweisung, wie es andere erlebt haben. Viel eher war diese Erfahrung vergleichbar mit einer plötzlichen Entführung durch einen antiken Sonnengott.

In seiner eigenen Sprache wäre John als ein Kwaxot eingestuft worden: einer, der die mächtigste Form der Traumkraft besitzt. Seine Träume und die darin enthaltenen Offenbarungen zogen mich in einen Verwandlungskampf auf Leben und Tod. Seine Absicht war es, in mir phönix-ähnliche Energien zu wecken, mich in ein Wesen, wie er es war, zu verwandeln, damit wir die Welt zusammen verlassen konnten. Zu diesem Zweck rief er mich und brachte mich dann um, indem er vor meinen Augen ins Unendliche explodierte.

John machte mich mit einem anderen Träumer bekannt, dessen Traumkraft von unterschiedlicher Art war. Ich nenne ihn hier Chon. Chons oberstes Anliegen ist es, das opfernde Element zu heilen, das dem Transformationsprozeß innewohnt. In früheren Zeiten geschah das durch Menschen- oder Blutopfer, während es heute oft im Opfern von Lebensenergie durch Unterdrückung des Weiblichen, des Ursprünglichen und des Gestaltenden besteht. Chons Traum ist es, daß wir das Opfern in den Status der Selbsttranszendenz erheben, in dem alle Wesen die wahre und vollkommene Verwandlung erreichen.

Chon betörte mich mit seiner Liebe und mit seiner Kenntnis über das Wissen der Alten. Seine Medizin beschwört simultane Bewußtseinsebenen und Zeitdimensionen. Um seine Praktiken zu verstehen, wurde ich gelehrt, den Tzolkin zu träumen, den prophetischen Kalender der Maya. Chon glaubte, daß Heilen ein vieldimensionaler Prozeß ist, der auf allen Ebenen, in allen Zeiten und in allen Dimensionen gleichzeitig abläuft.

Zusammen übten diese beiden außerordentlichen Wesen ihren Zauber auf mich aus, mit ihren Energien führten sie in mir einen harmonischen Tanz der Schöpfung und Zerstörung auf. Um ihre Existenzebenen kennenzulernen, ging ich in zwei voneinander getrennte Reiche und nahm an der unglaublich dramatischen Entwicklungsgeschichte dort teil. Ich bin davon überzeugt, daß es einen Zugang zu diesen Reichen gibt und daß ihre Energien zur Umwandlung des Bewußtseins genutzt werden können. Deshalb wünsche ich mir, daß die Leser ihr Leben und Träumen in bezug auf

Erscheinungen des kreativen Träumens und ihre individuellen Reaktionen darauf untersuchen.

Das Konzept des Heilträumens ist eine Weiterentwicklung der Tatsache, daß alles Leben und alles Bewußtsein miteinander verbunden ist. Jede Zeit ist gleichzeitig, und wir existieren in der ewigen Gegenwart und im unendlichen Jetzt. So, wie wir im Radio einen Sender einstellen, so bestimmt die Stelle, auf die wir unser Bewußtsein konzentrieren, das Spektrum der Frequenzen, die wir empfangen und die Wirklichkeit, die durch sie geschaffen wird. Der Tod ist ein Umlegen des Schalters, aber wir existieren weiter, so wie die gesamte Schöpfung. Um wirklich zu heilen, müssen wir uns selbst in alle Schöpfungsebenen und in alle Zeiten ausdehnen.

Das ist medizinisches Träumen. Es ist ein Geschenk der Verwandlung. Es wird seinen unsterblichen Funken in dich setzen und seine Zauberkraft langsam wirken lassen. Du mußt ihn ganz tief dringen lassen. Ich will ein kleines Beispiel anhand meines eigenen Heilungsprozesses geben.

1992 erreichten die Schiffe von Kolumbus an meinem Geburtstag den Hafen meiner Heimatstadt. Nachdem ich jahrelang Kontakt zu eingeborenen Träumern hatte, verstand ich, daß dieses Ereignis ein bedeutsames Zeichen war. Denn daraufhin wurde mir von der Nationalen Stiftung für Geisteswissenschaften ein Stipendium gewährt, um meine Forschungen über die Maya weiterzuführen. Und dann, nachdem ich nach einem Sommer im Dschungel von Mexiko zurückkehrte, wurde ich sehr krank. Die Krankheit verändert die DNA.

Um meine Verwandlung zu verstehen, mußte ich kraftvolle Umwandlungsenergien kennenlernen und sie selbst erleben, um mein Sein in seinen Urzustand aufzulösen. Als ich aus diesem Reich zurückkehrte, hatte ich einige Teile von mir nicht mehr mit zurückgebracht, aber neue Energien erweckt, die vorher in mir nicht aktiviert waren. Ich wollte wieder im Gleichgewicht zu sein. Ich besaß Wissen, das in dieser geschundenen Welt fehlte. Die Verwandlung, die mit mir geschehen war, hat die Kraft, die Welt in einem Reich höherer Schwingungen zu heilen.

Was ist das für eine Heilbewegung? Ist es die Wiederherstellung eines Urzustands oder eine Entwicklung innerhalb dieses Zustands hin zu einem noch höheren Schöpfungsideal? Wird daraus Tod oder neues Leben? Wird es nach göttlichem Eingreifen rufen oder die persönliche Erleuchtung fordern? Wird es unseren Mut prüfen? Uns herausfordern, vollkommen zu lieben? Die Antworten sind versteckt, sie schlafen, wie Zeitkapseln in den Gewölben alter Pyramiden.

Der prophetische Kalender der Maya nennt als Zeitpunkt für das Erwachen der Antworten das Jahr 2012. Den Maya zufolge wird die Erde kurz vor diesem Datum aufhören, Lebenskraftenergie in den Kreislauf zu bringen; sie wird sie statt dessen im großen Umfang abgesaugt, um die starke Veränderung zu erleichtern. Die Maya glauben an die zyklische Natur der Zeit. Es wird die fünfte Zerstörung und Wiedererrichtung dieser Art sein, an die sie sich erinnern, und sie wird die Sechste Sonne bringen, die Sonne des Bewußtseins.

Dieses prophetische Träumen wird durch Wesen überwacht, die Chuch Kahaus genannt werden, Zeitwächter in der klassischen Kultur der Maya. Ein Chuch Kahau behauptet, daß es immer solche gegeben hat, die die Kräfte zu beschwichtigen versuchten, indem sie jeden Zyklus in Form von Menschenopfern mit der notwendigen Lebenskraft versorgten. Einer dieser Menschen war der Halach Uinic, der höchste

Edelmann in einer auf Krieg gegründeten, königlosen Maya-Gesellschaft. Er überwachte die Opferung von Besiegten und die rituellen Menschenopfer.

Mein Chuch Kahau sagte mir, daß der Halach ein Gegner sei, weil er danach strebt, die Verwandlungskräfte zu kontrollieren. Mein Verbündeter ist der Maya-Gott Kukulkan, der zu wahrer Verwandlung befähigt, die man durch Spiritualität oder die Opferung des Ichs erlangt.

# Prolog

Meine Eltern hatten bewundernswerte Energie. Vater sollte eines Tages das Navigationssystem der Apollo-Raketen entwickeln. Mutter war eine Mischung aus Büffelkuh und Löwin. Sie waren sehr aufgeregt, als sie heirateten. Mit all den Hoffnungen und Träumen der fünfziger Jahre machten sie sich auf den Weg nach Kalifornien. In ihrer Hochzeitsnacht gab es einen Urknall, und neun Monate und zwei Tage später wurde ich geboren, ich konnte mich an alles erinnern.

Von Natur aus eine Träumerin, verbrachte ich meine einsame Kindheit im Keller, wo ich meine eigene kleine Form der »Oberwelt« besaß, zu ihr gehörte auch ein alter Geist, mit dem ich mich unterhielt. Er hieß »Großvater«. Großvater stand immer im Dunkeln, hochgewachsen und erhaben, und beriet mich in einer Sprache, die nur ich verstehen konnte, in Angelegenheiten, die zu verstehen mich wohl viele zu jung geglaubt hätten.

In seiner körperlichen Form sah ich Großvater zum ersten Mal, als wir unser Haus im tiefen Süden verließen und durch die Wüste im Südwesten fuhren. Mein Vater verfolgte die Abschüsse der Mondlandefähren. Ich war ein kleines Mädchen, das aus dem Rückfenster des Autos schaute, vorgab, entführt zu werden, und verzweifelte Gesten machte. Da erspähte ich einen alten Eingeborenen, der gemächlich am Straßenrand entlangschlenderte. Er sah mich nur einmal an und lachte dann so heftig, daß er stehenbleiben mußte, und ich erinnere mich daran, wie er immer kleiner wurde, während der Highway unseren Staub verschluckte. Dann wurde ein wunderschöner Schmetterling durch das offene Fenster hereingeweht und landete auf meinem Oberschenkel.

Meine »Oberflächlichkeit« wurde sehr sorgfältig beobachtet, als ich heranwuchs, so als befürchte man, etwas Unerklärliches könne seinen Lauf nehmen. Zerbrechlich nannte man mich. Ich behielt meine Geheimsprache ganz für mich alleine wie ein heiliges Lied, bis ich jemand anderen fand, der sie auch verstand. Jemand, der mit mir auf der gleichen Seite des Spiegels ging und immer noch die Schönheit bewundern konnte.

Es war das erste Wesen, in das ich mich verliebte. Eine unbekannte, poetische Art. Ein großer, schlanker Mann mit braunen Haaren, hellblauen Augen und einer tiefen, klaren Stimme. Wir verbrachten Ewigkeiten damit, in Universitätssälen telepathisch miteinander zu flüstern und uns über überfüllte Gänge hinweg anzustarren. Nie zuvor hatte ich jemanden getroffen, mit dem ich mich so tief teilen und ihn trotzdem berühren konnte. Und dann war er nicht mehr da.

# TEIL I
## Den Traum träumen

# 1. Kapitel

Wir waren wieder in den Süden gezogen. Der große Vorstoß zum Mond in Kalifornien war beendet. Hier war es, wo ich Richard Morrison kennenlernte und mich in ihn verliebte. Richard war durch ein Stipendium aus Nordirland herübergekommen, er studierte amerikanische Autoren auf einem kleinen College im Süden. Ich war damals noch unentschieden, was mein Hauptfach werden sollte, ich schwankte zwischen Fremdsprachen und Religion/Philosophie.

Mit Richard hatte ich meine erste körperliche Beziehung, und ich versank vollkommen darin. Ich schockierte meine Familie, weil ich offen mit ihm in seiner Wohnung lebte und aus meinem Elternhaus auszog. Ich war von ihm verzaubert, und das liebte er, aber er war auch von mir gefesselt. Wir beide verschlangen massenweise Bücher und diskutierten die gelesenen Werke leidenschaftlich. Er war besonders interessiert an Jack Kerouac und William Burroughs, ich an Gabriel García Márquez und Carlos Castaneda.

Eine Lesung von William S. Burroughs an unserem College brachte uns zu dem Entschluß, nach dem Studienende im Sommer nach Mexiko zu reisen. Mexiko. Dann würde Richard seinen Abschluß in Englischer Literatur haben und ich meinen in Spanisch. Die Lesung bestand hauptsächlich aus *Naked Lunch,* danach folgte eine Party für den Schriftsteller in einem Privathaus, die auch Jerome (er hatte für Billie Holiday Klavier gespielt) mit seiner Anwesenheit schmückte.

Gegen neun Uhr erreichten wir ein gediegenes Haus an einem See. Mr. Burroughs stand in der Küche und wurde mit Fragen überhäuft. Richard und ich warteten still an der Seite, bis es den Leuten nacheinander zu peinlich wurde, keine tiefergehende Unterhaltung beginnen zu können, so daß sie uns den Schriftsteller überließen. Richard deutete mir an, auf den Autor zuzugehen, während Burroughs ihn hoffnungsfroh anstarrte.

Ich trat auf ihn zu und bemerkte: »Die visuelle Dimension Ihres Schreibens ist sehr stimulierend.«

Burroughs lächelte und atmete tief ein. »Ist der Typ neben Ihnen ein Schriftsteller?«

Ich nickte, winkte Richard herbei und stellte uns vor. Um uns zu unterhalten, gingen wir in das Florida-Zimmer hinter dem großen Klavier. Als wir durch das Glas schauten, bot sich uns eine aquariumähnliche Sicht des tiefer liegenden Wohnraumes mit Jerome dar, der in dem goldenen Licht auf den Elfenbeintasten klimperte. Der Anblick war faszinierend.

Burroughs' Stimme machte einen Krach wie eine Kreissäge. Er erzählte uns eine Geschichte über einen Mann aus New York, der ihn ausfindig machte, nachdem er eine seltsame Heimsuchung gehabt hatte. Der Autor war voll und ganz damit beschäftigt, Richard zu erzählen, wie der Mann versucht hatte, den Autor zu überzeugen, die ungewöhnliche Erfahrung in seinen Büchern zu verwerten. Ich schaute zur Seite, meine Aufmerksamkeit wurde von der Musik abgelenkt. Als ich mich den beiden schließlich wieder zuwandte, warf ich ein: »Was war die Botschaft der Heimsuchung?«

Mit einem affektierten Grinsen drehte sich Burroughs zu mir um. Er blies eine große Rauchwolke aus, wie es sich für den Stammvater des Surrealismus gehörte, und ließ seine freie

Hand auf dem Revers seines dreiteiligen Anzuges verweilen. »Das ist das Groteske an der ganzen Sache. Bis dahin war ich ja interessiert, sogar aufgeregt«, überschlug sich seine Stimme. »Angeblich schwebt die glänzende Kuppel und beleuchtet ›H4‹ im Nachthimmel.« Burroughs' Gesicht war vollkommen ausdruckslos. Richard keuchte vor Lachen.

»H4? Was soll das denn für eine Botschaft sein?« Ich schüttelte den Kopf.

»Ja eben«, gestikulierte er wie verrückt mit seinen Armen. »Das war der Moment, als der ganze Quatsch herauskam. Es war frustrierend. Ich bedankte mich bei ihm und entschuldigte mich.«

»Was für eine Enttäuschung«, stammelte ich.

In dem Moment schlenderte eine angetrunkene Partyschönheit, gekleidet in einen extravaganten, langen Rock, der ihre tonnenförmige Gestalt verhüllte, auf ihn zu. »Oh, Mr. Burroughs, nehmen Sie mich doch zum Fliegen mit, nur einmal.« Burroughs stöhnte zunächst, dann kicherte er, doch er widerstand der Frau. Er versuchte stehenzubleiben, wurde aber wenig später von einer anderen Gruppe Partygäste vereinnahmt.

Später an dem Abend sprach Richard lange Zeit mit Burroughs im Florida-Zimmer. Ich saß im versunkenen Wohnraum und lauschte dem besten Jazz-and-Blues-Pianisten, das ich je gehört hatte. Hinterher, auf dem Weg nach Hause, redete Richard ununterbrochen. Er hatte die Adresse von Burroughs' Sekretariat bekommen und war von dem Autor aufgefordert worden, ihm einige seiner Texte zu schicken. Außerdem hatten sie ausführlich den Nutzen des Reisens als Schreibinspiration diskutiert.

»Ich möchte, daß wir nach dem Studium nach Mexiko gehen,

Merilyn«, sagte Richard aufgeregt, als er unseren blauen Volkswagen durch die dunklen Straßen nach Hause fuhr. »Mit deinen Spanischkenntnissen könnten wir abseits der Massen reisen und wirklich eine Menge sehen. Ich glaube, eine solch intensive Erfahrung könnte meinem Schreiben guttun. Du behauptest doch immer, daß sich Lateinamerika mit seiner Literatur momentan in einem Goldenen Zeitalter befindet.«

»Das brauchst du mir nicht zweimal zu sagen, Richard. Die Idee ist toll. Du mußt mir nur versprechen, daß mir nicht das passiert, was dieser Frau von Burroughs passiert ist«, sagte ich, als er zu mir herüberschaute. »Die Stelle aus seinem Roman, wo er ihr versehentlich durch den Kopf schießt, basiert nämlich auf einer wahren Begebenheit.« Ich lächelte geziert, während ich mir eine Zigarette anzündete und den Rauch wie die Garbo ausblies. Richard sah mich gerne paffen, daher rauchte ich praktisch eine Zigarette nach der anderen, nur um ihm zu gefallen.

Es war im Mai unseres letzten Semesters, und wir begannen langsam mit den Vorbereitungen für den »Schriftstellertreck« nach Mexiko. Wir wollten mit dem Zug so weit wie möglich Richtung Westen fahren, bis nach Yuma, Arizona, und dann mit dem Bus weiter in den Süden, in jedem Dörfchen wollten wir Station machen. Wir würden abgehärtete Tramps werden, berühmte Schriftsteller und ein nicht weniger berühmtes Liebespaar – und das alles nur durch eine Reise.

Ungefähr zwei Wochen vor unserer geplanten Abreise sollte ich Richard spät abends nach einem Interview abholen, das er mit einer Rockband für unsere Collegezeitung machte. Es war dunkel und windig, als ich auf unseren VW zuging. Ich war sehr müde. Während ich in meiner Tasche nach den

Schlüsseln suchte, hörte ich plötzlich das schrecklichste Geräusch, das man sich vorstellen kann. Ein Laut direkt aus der Unterwelt, geradewegs aus einem Alptraum. Irgendwie konnte er spüren, daß ich mich auf ihn konzentrierte; er wurde lauter und wurde zu einem furchtbaren, langgezogenen Heulen. Ich ließ die Schlüssel auf den Bürgersteig fallen, rannte zurück in unser Appartement, warf die Tür hinter mir zu und schloß sie ab. Dann versteckte ich mich zitternd in einer dunklen Ecke.

Das Geräusch wurde noch lauter und endete in grauenhaftem Schreien und Klagen. Ich dachte, es müsse eine betrunkene Mörderin mit einer Axt direkt nach ihrer grausamen Tat sein. Ich habe niemals vorher und auch später nie wieder etwas gehört, das mit diesem Ton vergleichbar gewesen wäre. In meinem Kopf entstanden Bilder in einem ungleichmäßigen, fahlen Grau, wie Glassplitter. Dicke Schweißperlen standen auf meiner Stirn, und mir wurde übel. Ich muß über eine Stunde lang im Dunkeln gezittert haben, bis es schließlich vorüber war.

Ich hatte schreckliche Angst, unsere Wohnung zu verlassen. Aber ich mußte ja Richard anrufen, der sich inzwischen sicherlich Sorgen machte, daß mir etwas zugestoßen sein könnte. Ich nahm meinen ganzen Mut zusammen und spähte aus der Tür in Richtung des Parkplatzes. An der Stelle, wo ich meine Schlüssel fallengelassen hatte, war ein seltsames, kleines, katzenähnliches Tier, doch die vordere Hälfte war grau und die hintere schwarz. Es schien sich bewußt unter eine Straßenlaterne zu stellen, damit ich sehen konnte, daß seine Farbgebung keine optische Täuschung war. Als ich dann einige Schritte nach draußen machte, verschwand es.

Ein kalter Schauer durchlief mich, als ich das Auto anließ. Bei meiner Ankunft im Club zitterte ich so stark, daß ich uns nicht zurückfahren konnte. Ich hatte das untrügliche Gefühl, daß dieses Erlebnis eine Art Warnung war, als ob etwas Unbekanntes in einem von uns beiden Rache nehmen wollte. Als wir im Auto saßen und fuhren, erzählte ich Richard von meinem Erlebnis. Während er zuhörte, wich alle Farbe aus seinem Gesicht. Er stammelte etwas über alte Geschichten aus seinem Heimatland, über Todesfeen, und rauchte eine Zigarette nach der anderen.

Aus dem Fenster starrend erzählte mir Richard dann von einem immer wiederkehrenden Traum, der ihn tief verstörte. In diesem Traum stand er nachts mitten auf einer verlassenen Brücke neben einem abgewürgten Wagen. Plötzlich kommt ein schnelles Auto mit blendenden Scheinwerfern aus dem Nichts geschossen und rast genau auf ihn zu. Es fährt ihn um, noch bevor er zur Seite springen kann. Richard sagte mir, daß ihn die Scheinwerfer dieses Phantomautos verfolgten wie die Augen des Todes und daß die Todesfeen Boten des Todes seien. Er schien äußerst besorgt zu sein, und auf seinen Schläfen standen dicke Schweißperlen.

Später, nachdem wir nach Hause zurückgekehrt und zu Bett gegangen waren, spürten wir, wie sehr uns dieses Ereignis entmutigt hatte. Wir lenkten uns durch Sex ab – zum letzten Mal, wie sich herausstellen sollte – und schliefen beide unruhig. Ich träumte einen immer wiederkehrenden Traum, der mich seit meiner Kindheit verfolgte. In dem Traum werde ich von meinen Eltern in der Wüste verlassen und suche nach einem menschlichen Lebewesen. Ich kann niemanden finden, nur Knochen und Kakteen. Der Wind wird stärker und peitscht mich mit seiner trockenen Kraft umher. Ich kann kaum sehen in diesem Sandsturm. Schließlich entdecke ich in der Ferne eine kleine Hütte und kämpfe mich zu ihr durch. Als ich die Hütte erreiche, treffe ich auf einen großen, weißen Indianer, der sich gegen den Wind lehnt. »Großvater! Großvater!« rufe ich. Er winkt mir verzweifelt zu, ich solle schnell hineingehen. Der Wind bläst durch die Spalten der Holzlatten, aber wir sind sicher.

Normalerweise hört der Traum da auf, aber in jener Nacht ging er weiter. Ich frage Großvater: »Wo ist Richard?«, aber er schüttelt bloß den Kopf. Da richtete sich Richard ganz in Schweiß gebadet im Bett auf und schrie so lange, bis wir beide aufwachten.

Zwei Abende später gerieten wir auf dem Heimweg auf einer verlassenen Straße außerhalb der Stadt in einen Autounfall. Wir waren auf dem Rückweg von einem Konzert, über das Richard berichtet hatte, und unser Freund Eric Damon fuhr uns in seinem Kombi. Ich saß vorne und unterhielt mich mit ihm über die Musik. Richard schlief auf dem Rücksitz. Die Straße war dunkel, und außer unserem Auto war kein anderes zu sehen. Die weiße Mittellinie verschwamm im Ungewissen. Ich sah nach hinten. Richard lag zusammengerollt da wie ein Kind im Mutterleib. Ich lächelte und ließ meinen Kopf langsam auf meine Schulter gleiten, sah ihm über den Sitz hinweg aber immer noch zu. Langsam schlief ich ein.

Ich spürte eine schleudernde Kraft, die uns von der Straße warf, und als ich aufwachte, war der Unfall schon vorbei. Die Windschutzscheibe war um mich herum in Berge von Glas zersplittert. Der Rahmen gähnte mir wie ein schwarzes Loch entgegen. Ich war eingeklemmt. »Hilfe!« schrie ich. »Ich komme hier nicht heraus. Hilfe!« Ich erblickte meine blutende Hand. »Oh, mein Gott.«

Eric erschien. Im Licht des Vollmonds spazierte er alleine

mitten auf der verlassenen Straße. »Merilyn«, sagte er und steckte seinen Kopf durch das Fahrerfenster. Sein Gesicht war ganz zerschnitten.

»Eric, was ist passiert? Wo ist Richard?« schrie ich.

»Er liegt ungefähr hundertfünfzig Meter hinter uns auf der Straße. Er sieht nicht gut aus, Merilyn. Die Hecktür muß sich geöffnet haben, als wir von der Straße abkamen. Ich weiß nicht, wie lange das her ist, aber ich habe ein Auto angehalten, und sie wollten einen Krankenwagen rufen.«

Ich begann, untröstlich zu weinen.

Ein paar Minuten später traf der Krankenwagen ein. Die Besatzung des Rettungswagens setzte alles daran, die Tür aus der Seite des verunglückten Wagens herauszuschweißen. Es dauerte ungefähr zwanzig Minuten, bis ich befreit war, dann wurde ich direkt zu dem wartenden Fahrzeug gebracht. Eric ging es gut, aber Richard sah sehr schlecht aus. Er lag schon im Wagen unter einer Sauerstoffmaske. Er war sehr blaß, rollte mit den Augen, und sein Kopf schlug hin und her. Er hatte einen seltsamen Ausdruck im Gesicht, als hätte ihm jemand den bittersüßesten, sarkastischsten Witz der Welt erzählt. Auf dem ganzen Weg zur Unfallstation hielten wir verzweifelt Augenkontakt, aber kurz nach unserer Ankunft starb er auf dem Operationstisch an inneren Blutungen.

Sie versorgten Eric und mich und erzählten uns nichts. Wir wurden nach Hause geschickt, nachdem die Ärzte unsere Kopfwunden genäht und sich um all unsere Verletzungen gekümmert hatten. Erics Mutter wartete in meiner Wohnung, um uns die schreckliche Nachricht mitzuteilen. Als ich sie sah, wurde mir klar, was passiert war, und ich versuchte, zum Auto zu laufen und zurück ins Krankenhaus zu fahren. Doch ich fiel mit Krämpfen zu Boden.

Richard kam aus armen irischen Verhältnissen. Er hinterließ nur eine ungebildete, verwitwete Mutter. Es war unmöglich, sie rechtzeitig zu verständigen, also mußte ich die ganzen Beerdigungsvorbereitungen alleine treffen. Als sie schließlich benachrichtigt wurde, hatte sie Angst, daß die Reise zuviel für sie sein könnte, obwohl ich ihr anbot, die Überfahrt zu bezahlen.

Meine eigene Mutter stand mir zur Seite. Ich war ein hohlwangiges Gespenst, das durch die Wohnung spukte und stundenlang über einen seiner Schuhe oder eines seiner Lieblingsbücher weinte. Ich konnte seine Gedichte nirgends finden. Nachts lag ich in einem Berg seiner Kleidung und warf mich verzweifelt herum. Ich tastete mit meinen Fingern umher, als suchte ich nach meinen verlorenen Augen.

Eines Abends kam meine Mutter ins Schlafzimmer. Sie sah traurig aus. »Du mußt hier raus, Merilyn. Er hat dir doch seine ganzen Ersparnisse hinterlassen, oder? Lauf weg! Sei frei! Das hätte er auch gewollt. Ein normales Leben wäre nichts für dich. Besonders jetzt nicht. Ich bin nie glücklich gewesen. Hör auf mich.« Sie nahm ihr Armband mit dem Skarabäus ab, ihren einzigen Schatz, und gab es mir.

»Ja, Mama«, schluckte ich und wischte voller Qual über mein heißes Gesicht.

Etwas weniger als zwei Wochen später gingen wir an einem stürmischen, verregneten Nachmittag im Schockzustand zum Maple Hill Cemetery und sahen zu, wie eine in Bronze gegossene Pyramide, die ich als Grabstein gewählt hatte, aufgestellt wurde. Es stand kein Todestag darauf und kein Geburtsjahr, nur sein Geburtstag, der 5. November, und eine französische Inschrift: POUR RICHARD.

## 2. Kapitel

Alle Vorbereitungen für die Reise nach Mexiko waren vor Richards Tod getroffen worden. Unter dem Schock seines Todes griff mein zerschlagenes Selbst aus tiefster Seele nach dem Abenteuer. Es war unser Traum, und ich wollte ihn leben. Richard hatte mir seine kleinen Ersparnisse vermacht. Zehntausend Dollar. Alles, was er in dieser Welt besessen hatte. Es würde in seinem Andenken ausgegeben werden. Ich würde für ihn sehen und über das schreiben, das er nicht länger beschreiben konnte. Hoffentlich würde es, wenn auch noch so dürftig, die Hoffnungen und Träume erfüllen, die er für sich hatte.

Es war eine lange, traurige Zugfahrt. Düster. Ich weinte die meiste Zeit, starrte durch schmierige, tränenverschleierte Fensterscheiben auf eine dunstige Landschaft. Aber als der Zug nach Arizona fuhr und ich die Wüste wieder erblickte, als sei es das erste Mal, hatte ich ein unerklärliches Gefühl erneuter Vorfreude. Es war, als würde mein gesamtes Sein von etwas oder jemandem angezogen, als reiste ich durch einen endlosen, dunklen Tunnel auf ein vorbestimmtes Ziel zu.

Die Sonne ging unter, wir fuhren nicht weit von der Grenze entfernt, in der Nähe von Nogales. Die Farben waren atemberaubend. Als wir tiefer nach Arizona hineinfuhren, erspähte ich hin und wieder Papago- und Pima-Frauen in der Ferne vor ihren kleinen, einsamen Häusern. Ihre Feuer rauchten vor der rotgoldenen, halbkreisförmigen Sonne, die hinter dem Horizont versank. Saguaros streckten sich und

30

gähnten in den Abend. Schatten schmolzen. Krähen flogen zu ihrem letzten Mast für diesen Tag und blinzelten der Dämmerung entgegen.

Es war vollkommen dunkel, als der Zug in Yuma eintraf. Die Luft war trocken, es wehte ein warmer Wind. Ich zog meinen vollgepackten Rucksack aus dem Gepäcknetz, als der Motor jene Die-Reise-ist-vorbei-Geräusche machte. Ich sah ihn nicht sofort, als ich aus dem Waggon auf den dunklen Bahnsteig stieg. Er trug eine schwarze Hose und ein schwarzes Hemd, und sein Haar wurde von einem schwarzen Tuch um die Stirn zurückgehalten. Irgend etwas in mir ließ mich meine Augen nicht mehr von ihm abwenden. Ich setzte sogar meinen Rucksack ab, stand einfach da und starrte. Er war groß, ruhig, still. Wie er da so im Dunkeln stand, mit Augen, die wie die Augen einer Katze blitzten, war er der alte Indianer, von dem ich so oft als Kind geträumt hatte. Es war Großvater!

Für mich war dieser alte Indianer – John Black Crow, wie ich ihn nennen sollte – der Anfang und das Ende aller Dinge. Ich kann mich erinnern, daß ich dachte, mein Leben würde nie mehr so sein wie früher, als ich mit ihm zusammen den Bahnhof verließ. Ich hatte recht.

»Du wohnst bei mir, Goldlocke«, sagte der alte Indianer, als er auf mich zukam. Er schien auf jemanden gewartet zu haben, und ich fragte mich, ob er mich mit einer anderen Frau verwechselte. »Das einzige Hotel in der Nähe des Bahnhofs ist das da!« Er zeigte auf ein entfernt liegendes, weitläufiges, einstöckiges Gebäude aus den Dreißigern. Es sah nicht gerade einladend aus. Mir schauderte. »Das ist ein Rattenloch«, fuhr er fort. »Und es ist spät. Du findest heute abend kein Taxi mehr. Außerdem ist das Reservat viel interessanter.« Er zeigte im Dunkeln in die andere Richtung. »Ich bin ein alter Mann. Ich beiße nicht.«

Ich bewunderte die Geschwindigkeit und Geschicklichkeit, mit der dieser eingeborene Amerikaner versuchte, mich zu locken. Er war sehr bestimmt. Gebieterisch. Es ähnelte dem verzweifelten Gestikulieren aus meinem Traum. Ich fühlte, wie dieser alte Geist mich aus der Unterwelt, in die ich gefallen war, herauszog, und ich spürte, daß er meine einzige Hoffnung war, der vollkommenen Vernichtung zu entgehen.

Ganz und gar unter kulturellem Schock stehend, stimmte ich mit einem Nicken zu. Meine anderen Aussichten waren in dieser kleinen Wüstenstadt in dieser Nacht noch weniger verlockend. Er warf mir ein verschmitztes Lächeln zu und wies mir dann den Weg. Der Wüstenwind frischte auf, und ein abnehmender Mond kam hinter einer einzelnen Wolke hervor. Die karge Pflanzenwelt und die Nachtvögel schienen geheimnisvoll zum Leben erweckt worden zu sein; sie machten flüsternde Geräusche oder schrien zärtlich und inbrünstig. Voller Vertrauen ging ich mit einem Mann in die Nacht, den ich nur aus meinen Träumen kannte.

»Folge mir!« sagte er, als wir eine Brücke überquerten und eine schmutzige Straße entlangtrotteten. So verließen wir den fast leeren Bahnsteig des Bahnhofs. John Black Crow, ein Yuma-Indianer, wohnte in einem Schindelhaus im Reservat. Er schien um die fünfundachtzig Jahre alt zu sein. Ich rückte die Last auf meinem Rücken zurecht und blickte im Mondlicht zurück. Wir wanderten eine Straße hoch, die sich um einen kargen Hügel wand. Auf der Spitze des Hügels stand rechts der Straße ein großer, ausgebleichter, toter Baum in Form einer Gabel. Unten an der Straße sah ich auf der linken Seite einen einsamen Laden, der von einer schwachen Birne erleuchtet wurde. Näherkommend stiegen wir in diese kleine Lichtblase hinein, wir schwebten auf leisen Sohlen.

Wir machten bei dem kleinen Laden halt. John fragte, ob ich irgend etwas bräuchte, und dann ging er nach vorne zur Kasse und sprach mit einem Indianer, der auf einem Auge blind war. Ich suchte den Laden nach etwas Eßbarem ab. Alles, was ich fand, war gebratene Schweineschwarte, getrocknete Streifen Rehfleisch und ein paar Päckchen Kräcker, die zwischen Kerosindosen, Metalldraht, Reifen und Zigaretten versteckt waren. Ich entschied mich für Kräcker und eine Flasche Coca Cola. Als ich nach vorne ging, um zu bezahlen, fragte ich John, ob er auch etwas wolle. Er schüttelte den Kopf.

Simon Long Silence Emerson, der Mann, der mir an der Kasse vorgestellt wurde, kämmte sein kurzes, graumeliertes Haar mit den Fingern zurück. Er saß auf einem kleinen Hocker, lächelte und starrte mich mit dem gesunden und dem schielenden Auge an. Ich reichte ihm das Geld und verstaute die Lebensmittel im Rucksack. John lehnte sich gegen den Tresen. Er schien mit mir anzugeben, vielleicht kicherte er aber auch nur über die mickerigen Vorräte, die ich mir ausgesucht hatte.

Nachdem wir uns verabschiedet hatten, gingen wir noch eine Meile lang um eine Kurve und eine Straße hinunter, bis ich eine kleine, verwahrloste Siedlung von Wohnwagen und Bretterbuden erblickte, die von einigen Straßenlaternen beleuchtet wurde. »Da wären wir«, sagte John, als er einen Abhang herunter auf ein kleines Haus zu schlenderte, das ganz allein stand.

John Black Crows Haus stand zwischen einem Sandhügel, der es von der Straße aus teilweise verdeckte, und einem

Bewässerungsgraben hinter dem Haus. Nachdem er die Tür geöffnet hatte und eingetreten war, sah ich, daß er keinen Strom besaß. Die Einzimmerunterkunft wurde durch Kerosinlampen beleuchtet. Im schwachen Licht erkannte ich zwei Holzbetten an den gegenüberliegenden Seiten des Zimmers. Am Fußende jedes Bettes befand sich ein großes Holzschiebefenster. Das waren die einzigen Fenster in dem kleinen Haus. Das eine zeigte auf die Vorderseite, auf den Hügel, das andere an der Rückseite schaute auf das Wasser. John wies auf das Bett, von dem aus man das Wasser sehen konnte, und sagte, es sei meines.

Ich legte meine Habseligkeiten auf dem Bett ab. Die Matratze hörte sich an, als sei sie aus Stroh. Auf dem Bett lag eine Baumwolldecke mit einem blau-gelben Muster aus Blitzen. Weitere Decken lagen gefaltet am Fußende. John zündete eine neue Laterne an. Ich sah, daß das Muster auf seinen Decken Sterne darstellte, die von innen her explodierten.

In der Mitte des Raumes stand ein unbehandelter Holztisch mit zwei Bänken. Vor der Hinterwand befanden sich ein hölzerner Hocker, ein Doppelgasbrenner und zwei derbe Holztruhen. Hinten lag eine andere Tür genau der Eingangstür gegenüber. Im schwachen Licht sah ich ebenfalls gewebte Säckchen von den Dachsparren herunterhängen, die anscheinend mit getrockneten Pflanzen gefüllt waren.

John sagte mir, daß ich mich etwas ausruhen sollte, weil wir am Morgen vielleicht einen Spaziergang in die Wüste machen würden. Er zeigte auf die sanitären Anlagen draußen hinter dem Haus. Ich zog einen karierten Flanellpyjama aus meiner Tasche und ging mit Zahnpasta und Bürste hinter das Haus.

Nicht weiter vom Bewässerungsgraben entfernt, in dessen

Wasser sich der Mond spiegelte, war ein Wasserhahn. Daneben befand sich eine Duschkabine, und etwas abseits stand ein Wasserklosett. Ein Paar Holzklappstühle waren gegen das Haus gelehnt. Unbekümmert betrat ich das WC und zog mir meinen Pyjama an.

Als ich zurückkam, saß John am Tisch und kicherte still in sich hinein. Sein Lachen machte mich unsicher, aber ich fühlte mich dennoch geborgen und stieg in mein Bett. Ich war erschöpft. Die Zugfahrt hatte ungefähr sechsunddreißig Stunden gedauert, und ich hatte die ganze Zeit über nicht geschlafen.

Die Matratze war wirklich aus Stroh. John hatte die Fenster geöffnet, und ein sanfter Windhauch strich über mich hinweg. Als er das Licht löschte, hörte ich eine Eule in der Ferne rufen. Bevor ich einschlief, lauschte ich John, der im Dunkeln sang. In jener Nacht träumte ich zum ersten Mal von der Kultur der Maya.

*Ich bin bei John Black Crow, wir gehen durch den Wald. Durch das Blätterwerk erblicken wir etwas, das nach den alten Ruinen von Palenque aussieht, so wie ich sie aus Bildbänden kenne. Wir gehen weiter den Pfad entlang. Ich scheine ich selbst zu sein, trage aber einen langen schwarzen Zopf und eine weiße Tunika.*

*Wir kommen zu einer Lichtung, auf der ein bronzefarbener, schlanker und muskulöser Mann mittleren Alters steht, der ebenfalls eine weiße Tunika trägt. Sein dunkles Haar ist zu kurzen Stoppeln gestutzt, und er lächelt. Offensichtlich erwartet er uns. Der Mann sagt mir, daß ich träume und daß sie durch die Träume auf meiner Spur blieben. Er stellt sich auf Maya (was ich zu verstehen scheine) als der Chuch Kahau vor, der Hüter der Zeit, und sagt mir, daß John Uay Kim ist, die gestaltverändernde Sonne. Er sagt, wir drei müßten unser Schicksal erfüllen.*

35

*Wir gehen zusammen weiter. Die üppige Fauna blüht überall und duftet betörend. Zwischen den Ranken auf dem Boden sto-ßen wir auf einen riesigen, verlassenen, scheibenförmigen Steinkalender. Der Chuch Kahau bückt sich und zieht die Ran-ken zur Seite. Dann holt er Tamarindensamen aus einer Kapsel an einem nahestehenden Baum und wirft sie auf die riesige Scheibe. Die Samen rollen in hieroglyphische Furchen und Rin-nen, wie Kugeln auf einem Roulettespiel. Mein Chuch Kahau sagt mir, ich solle die angezeigten Daten lesen. Irgendwie kann ich die Maya-Schriftzeichen deuten. Ein Datum ist mein Geburtstag, der 4. Mai 1956, und das andere ist der letzte Tag auf dem Kalender.*

*»Warum hört der Kalender da auf?« frage ich und blicke den Chuch Kahau an. Er deutet mir, wieder auf den Kalender zu sehen. Seine Furchen beginnen zu bluten. Bald fließt eine Blut-lache zu unseren Füßen. Die Samen werden zu Schmetterlin-gen, die davonflattern.*

*Etwas knallt, und ich höre, wie der Chuch Kahau sagt: »Wenn es eintrifft, wirst du es wissen. Finde Kukulkan.« Dann winkt er zum Abschied und verschwindet wieder im Blätterwerk. John Black Crow geht ein bißchen tiefer in den Wald und findet ein riesiges Spinnennetz mit einem Loch in der Mitte. Er deutet mir, ihm durch die Öffnung zu folgen.*

Als ich auf die andere Seite trat, wachte ich im Bett auf. Erste Lichtstrahlen drangen in die letzten Augenblicke der Wüstennacht, die ich von meinem Fenster aus sah. John saß im Schneidersitz neben seinem Bett auf einem kleinen Tep-pich, auf dem ein mythischer Donnervogel abgebildet war. Eindringlich spielte er auf einer Rohrgrasflöte.

»Das ist wunderschön, John«, sagte ich und streckte mich. Eine kühle Morgenbrise wehte durch das Fenster. Er legte die

Flöte beiseite und lächelte mich an. Die Musik schien mich sowohl von meiner Traurigkeit als auch von meinem Schlaf befreit zu haben. »Ich hatte einen höchst beunruhigenden Traum.« Ich drehte mich auf die linke Seite, um ihn von vorne ansehen zu können. »Ich habe geträumt, daß ich mit dir und einem anderen Indianer durch den Wald gehe.« Er nickte kaum merklich und ermunterte mich so, den Rest meines Traumes zu offenbaren.

»In dem Traum war ich selbst auch eine Indianerin und verstand die Maya-Sprache von Südmexiko. Ich sah einen alten Kalender und konnte ihn deuten.« Ich stützte mich auf meinen Ellenbogen. Sonnenlicht berührte das silbrigweiße, glänzende Haar von John Black Crow, das nun offen in dichten Strähnen bis zu seinem Kinn herunterhing. Er trug noch immer sein schwarzes Hemd und die schwarze Hose, und auf seinem adlergleichen Gesicht lag ein sonderbarer, nachdenklicher Ausdruck. Er streckte ein Bein aus und zog das Knie des anderen Beins an die Brust. John ließ sich Zeit, bevor er sich zu meinem Traum äußerte. Er lehnte sich gegen sein Bett.

»Ich kenne mich ein wenig damit aus«, sagte er schließlich.

»Was meinst du?«

»Dieser Traum. Was ist, wenn ich dir sage, daß du nicht die einzige bist, die solche prophetischen Träume hat? Ich habe sie auch, und sie bedeuten etwas.«

»Das nehme ich an, du warst ja auch dabei«, warf ich ein.

Er lächelte nachsichtig und hieß mich schweigen. »Was wäre, wenn ich dir sagte, daß ich den anderen Menschen aus deinem Traum kenne? So habe ich dich gefunden. Was glaubst du denn, warum du so einfach mit mir gekommen bist?«

Ich war verblüfft und starrte den alten Indianer mit einem ungläubigen Gesichtsausdruck an. Ich hatte davon gehört, daß diese Art zu denken bei den Indianern verbreitet war, hatte aber nicht erwartet, so schnell damit konfrontiert zu werden. Oder vielleicht hatte ich es doch.

»Ich glaube...«, begann ich vorsichtig, meine Worte abwägend, »daß ich in Anbetracht der Dinge, die mir in letzter Zeit zugestoßen sind, nichts zu verlieren habe, wenn ich dir zuhöre oder wenn ich das teilweise bestätige, was du sagst. Aber ich weiß nicht. Ich habe einige schlimme Erlebnisse hinter mir.«

Er kicherte und stand auf. »Früher haben die Menschen besondere Träume immer gefördert.«

»Was bedeuten diese Träume?« Ich war nun mehr als nur ein bißchen neugierig.

»Wie wär's mit Frühstück?« fragte er und wechselte somit abrupt das Thema.

»Ich habe Riesenhunger.« Irgendwie war ich erleichtert, daß dieses Gespräch unterbrochen worden war.

John nahm einen Tontopf aus einer der Holztruhen, ließ ihn voll Wasser laufen und stellte ihn auf einen Brenner, um Kräutertee zu machen. Dann holte er als nächstes eine getrocknete Pflanze aus einem der unter der Decke hängenden, gewebten Beutel. Auf den anderen Brenner stellte er noch einen Tontopf mit Wasser für Maismehlbrei. Aus derselben Truhe zog er zwei geschnitzte Holzschalen hervor, die mit stilisierten Rennkuckucks geschmückt waren, außerdem zwei schwarze Tonbecher, mehrere Löffel, Mehl, einige Datteln und ein kleines Bündel aus Hirschleder.

Er klopfte auf die Bank vor dem Tisch, damit ich mich dort hinsetzte. »Iß die Datteln zum Fleisch. Dann den Brei.« Er öffnete ein Päckchen aus Plastikfolie, in dem sich die Datteln befanden, dann den Hirschlederbeutel, der getrocknetes

Rehfleisch enthielt, das leicht mit rotem Chilipuder überzogen war. »Magst du getrocknetes Rehfleisch?« fragte er, als er die geöffneten Päckchen auf den Tisch stellte.

»Sehr gern«, versicherte ich ihm, obwohl ich es noch nie gegessen hatte.

»Ich jage die Rehe selbst.« Er trat zur Seite, um das Teewasser herunterzudrehen. »Was ist in der anderen Truhe?« fragte ich.

Er überging meine Frage und goß eine bittere, bräunliche Flüssigkeit in die Becher. »Und, ist das genug Essen?« fragte er schließlich, die Augenbrauen hebend. »O ja, auf jeden Fall«, sagte ich rasch.

»Das ist mein Spielzeug«, antwortete er, einen Blick auf die zweite Truhe werfend. Ich nahm an, er meinte seine persönlichen Habseligkeiten. Er hörte sich an wie ein kleines Kind und schürzte die Lippen, als er »Spielzeug« sagte.

Neugierig sah ich zu der geschlossenen Truhe hinüber, während er Brei auf meinen Teller gab. Er bemerkte meinen Blick und grinste. »Iß!« sagte er und schlug mit meinen Fingern leicht auf den Tisch, zog dann eine Bank heran und setzte sich mir gegenüber. Wir frühstückten, ohne ein Wort zu sagen. Als wir fertig waren, stand er auf. »Hilf mir beim Aufräumen. Dann zieh dich um. Wir gehen spazieren, bevor es zu heiß wird. An einem Morgen in der Wüste gibt es viel zu sehen. Wir können uns weiter über Träume unterhalten.«

Nach dem Frühstück folgten wir eine Stunde lang dem Bewässerungsgraben und bogen dann ins Unterholz ein. John zeigte mir geschwungene Spuren in Form eines umgedrehten »S« im Sand. »Das sind die Spuren von Klapperschlangen«, sagte er, mit einem Stock darauf deutend. »Sie kommen nachts an den Graben, um Wasser zu trinken. Während des Sommers bleiben sie unter den Steinen. Hier leben viele verschiedene Tiere. Was meinst du, welchem Tier ähnelst du?« Er setzte sich auf einen nahe gelegenen Felsblock.

Ich lehnte mich dagegen und blickte auf den kleinen Pfosten in der Ferne. Ich glaubte zu verstehen, was er meinte. »Ich denke, ich bin eine Katze. Früher, als Kind, habe ich immer geträumt, daß ich durch die schwarze Nacht laufe, durch tiefhängende Blätter zum Fluß eile. Ich hatte immer dunkle Flecken auf Vorderbeinen und -pfoten.« Ich zeigte ihm den Leberfleck auf der Innenseite meines linken Unterarms. »Wenn ich zum Fluß kam, war da ein seltsamer, kleiner Mann, der Wasser trank. Ich ärgerte mich darüber und stieß ihn gegen die Brust, so daß er auf den Rücken fiel. Anstatt ihm dann aber an die Kehle zu gehen, leckte ich sein Gesicht und starrte ihn an. Er schrie, verrückt vor Angst. Ich sprang von ihm herunter und ging gemächlich zum Wasser, um das kühle Naß zu trinken. Er rannte in den Dschungel und schrie, so laut er konnte.«

John lachte laut. »Das klingt für mich wie ein schwarzer Jaguar. Sie kommen aus der Gegend Mexikos, von der du in der letzten Nacht geträumt hast. Raubkatzen beobachten nachts auf der Suche nach Beute immer die Wasserlöcher. Aber die meisten töten keine Menschen, sie greifen sie nur an und machen sie zum Krüppel. »Aber du hast ihn nur abgeleckt, hm?«

»Woher weißt du so viel über Tiere, John?« Ich war fasziniert.

»In meiner Kultur bringt man uns bei, so tief über unsere Krafttiere zu träumen, daß wir uns in unseren Träumen in diese Tiere versetzen oder uns in sie verwandeln können, und dadurch Weisheit und Visionen erhalten. Hier nennt man so einen Menschen einen Formverwandler. Jenseits der Grenze nennt man jemanden mit dieser Begabung einen Nagual. Unsere Helfer können auch kommen und uns erzählen, was passiert; Gutes und Schlechtes, das uns betrifft. An deiner Stelle würde ich niemandem von deinem Krafttier erzählen. Der Jaguar ist eine mächtige Medizin. Du besitzt die Begabung; vielleicht erzähle ich dir mehr von dieser Art Träume, wenn du eine Weile in der Gegend bleibst.« John zog ein Tuch aus der Tasche, um seine braune Stirn zu schützen. Ich fühlte mich langsam müde und ein bißchen traurig, da ich mich wieder an meine mißliche Lage erinnerte.

Wir gingen hinüber zu einem anderen Felsblock und setzten uns in seinen Schatten. John wurde so seltsam ruhig wie der Stein selbst. Zuerst führte ich sein Schweigen auf die größer werdende morgendliche Hitze zurück, dann fiel mir meine eigene Stille auf. Plötzlich wurde mir klar, daß er in die Tiefe meiner Ängste vorgestoßen war und ihn das zum Schweigen gebracht hatte. Ich merkte, wie Tränen in mir hochstiegen, aber ich konnte nicht weinen. Statt dessen begann ich zu schweben, trieb in ihrem tiefen Wasser. Ich sah John an und spürte die funkelnde, friedliche Energie, die von ihm ausging. Trost. Ich sank hinein. Er verstand alles.

Ich wurde so still, daß ich zwischen den Momenten des Daseins Blasen wahrnehmen konnte, als ob sich die Fülle des Lebens in ihnen auflöste. Ich begann, bitterlich zu weinen. Johns Stimme wurde rauh vor Traurigkeit. »Weine nicht. Geh in die Stille!« sagte er.

Nachdem wir am nächsten Morgen mehrere Stunden durch die Wüste gelaufen und zu Johns Haus zurückgekehrt waren, machten wir uns fertig für einen Ausflug in die Stadt. Wir duschten nacheinander lange kalt und wuschen unser Haar mit zerstampfter Yucca-Wurzel, die er schnell bereitet hatte. Ich zog khakifarbene Shorts und ein passendes Hemd an, flocht mein nasses Haar und setzte einen Strohhut auf, um mein Gesicht vor der Sonne zu schützen. John kam herein, auch er war in Khaki gekleidet. Er trug eine Hose und ein kurzärmeliges Hemd. »Wir passen gut zusammen«, scherzte er und hängte sich dann einen Ohrring in Form einer Pumatatze ans Ohr.

John führte mich über die Brücke des Reservats. Die Stadt Yuma war weitläufig und ziemlich modern. Er erzählte mir, es gäbe dort Cowboy-Saloons, Reformhäuser und mexikanische Restaurants. In den Wintermonaten strömten viele ältere Leute auf der Suche nach milden Temperaturen in die Stadt und auf deren Campingplätze.

Wir betraten eine schwach beleuchtete Poolbillardhalle aus den Dreißigern. Es hingen Ventilatoren unter der Decke und große Bilder von Clark Gable und Greta Garbo an den Wänden. Wir bestellten beide Eistee an der Bar, setzten uns dann an einen Holztisch und sahen den Poolspielern zu. John erzählte mir, daß er in den heißesten Monaten praktisch zum Inventar der Halle gehörte.

»Also, in welchen Teil von Mexiko fährst du?« fragte er und nippte an seinem Tee.

»Ich denke, ich fahre zuerst ganz hinunter und fange in Yucatan an, mit den Ruinen, von denen ich geträumt habe. Dann kann ich mich langsam wieder hocharbeiten. Das scheint mir sinnvoll«, sagte ich und steckte meine Nase in das kalte Glas.

»Hört sich gut an«, sagte John. Einige Typen in Zivil von der

42

Air Force starrten das »hübsche Mädel« mit dem alten Indianer quer durch den Raum an. »Mach dir keine Sorgen wegen denen«, sagte John leise. »Für die bin ich wie der Holzindianer im Tabakladen. Wenn die mich sehen, machen sie sich über mich lustig. Falls sie fragen, sag' ich ihnen, daß du meine Nichte bist.« Aber sie fragten nicht.

Die heißesten Stunden des Tages verbrachten wir dort, lauschten Melodien aus der Musikbox und unterhielten uns. Als es kühler geworden war, nahmen wir den Bus nach San Luis Rio Colorado und aßen eine Portion Machaca-Burritos an einem Imbißstand. »In San Luis solltest du mit deiner Reise beginnen«, sagte John. »Wenn du soweit bist, bringe ich dich selbst an die Grenze.« Als wir mit dem Bus zurück nach Yuma fuhren, passierten wir die Dattelplantagen des Cocopah-Reservats. John öffnete das Fenster und ließ uns die staubige, aber frische Luft ins Gesicht wehen, während wir die Farben des Sonnenuntergangs über den fruchtbaren, bewässerten Wüstenabschnitten bewunderten.

Während ich bei ihm lebte, fragte ich John Black Crow nicht über seine Vergangenheit aus. Dementsprechend erzählte er auch nicht viel. Wie er sagte, war er vor der Jahrhundertwende geboren, und ihm war von seiner Großmutter, die sich noch an die Zeit vor der Landnahme im Westen erinnern konnte, eine Menge beigebracht worden. Seine Mutter starb, als er elf Jahre alt war. Von da an war er Waise. Als Yuma-Indianer wurde er dann auf die Grundschule der Militärmission geschickt. Während der mexikanischen Revolution 1910 zog er zurück nach Mexiko, um für das Land der Indianer zu kämpfen. Während er sich dort aufhielt, nahm John sich eine Indianerin zur Frau. Ohne sein Wissen hatte sie kurz zuvor ein Kind zur Welt gebracht, das während ihrer Abwesenheit starb. Feierlich brachte er die Frau zurück zu ihrem Volk. Wegen dieser Tragödie heiratete er nie wieder und hatte keine Kinder. Jahre später kehrte John nach Arizona zurück.

Über meine Vergangenheit wollte John nur wissen, wo ich geboren war und wie dieses Land aussah. Aufmerksam lauschte er meiner Geschichte über Richard Morrison, und er war überzeugt, daß Richard und ich übereinstimmende Kräfte besaßen, die »mich auf seinen Pfad führen würden«, wie er sich ausdrückte. Ich spürte, daß John unsere Freundschaft mehr bedeutete, als Worte auszudrücken vermochten, aber wir sprachen nicht viel darüber. Ich habe niemals ein Wesen getroffen, das mit größerer Bestimmtheit allein sein konnte oder stärker war als er.

Wir sprachen immer wieder über den seltsamen Traum, den ich in der ersten Nacht unter seinem Dach gehabt hatte. John erzählte mir nur widerwillig von dessen Bedeutung, obwohl er spürte, daß ich sie schon kannte. Doch während unserer Gespräche verriet er bestimmte alte Traumpraktiken, die meine Neugier über seine große Kenntnis dieser Dinge weckte. Für den Moment war ich damit zufrieden, seine Freundin zu sein. Wie John es vorgeschlagen hatte, blieb ich unbegrenzte Zeit bei ihm an einem der heißesten Orte auf der Erde. Ich war ja schließlich so wie er vollkommen allein.

John Black Crow war im Grunde ein stiller Mensch. Er warf sich nicht herum, wenn er schlief. Er wanderte nicht ziellos umher, wenn er wach war, und verschwendete keine Worte, wenn er redete. Wir verbrachten viele Tage, ohne ein Wort zu sagen, versanken jedoch immer tiefer ineinander. Ich begleitete ihn auf Spaziergängen durch die Wüste oder in die Stadt oder die Bewässerungsgräben entlang. Er arbeitete im Sommer nicht, aber ich fand heraus, daß er während der restlichen Zeit des Jahres den einen oder anderen Job in der Gegend übernahm.

Wenn es Hausarbeit zu tun gab, machten wir uns gemeinsam daran, und er zeigte mir geduldig, wie sie zu erledigen war. Ich lernte unter anderem, Fisch auszunehmen, Muscheln zu suchen, Früchte und Pflanzen zu trocknen, Sand zu harken und Flöte zu spielen. Irgendwo trieb er eine kleine Tafel und Kreide auf, so daß ich den Yuma-Kindern beim Englischlernen helfen konnte. Manchmal lag er unter einem Baum und sang leise, und mehrere Kinder versammelten sich, um dem Klang seiner Stimme zu lauschen. Wenn er aufhörte, stand John auf, klopfte sich ab und ging davon. Dann kamen die Kinder herübergehuscht und baten mich, ein Wort auf die kleine Tafel zu schreiben.

Oft saßen John Black Crow und ich stundenlang schweigend nebeneinander. Wir lehnten an einem Felsblock und schauten auf eine Sandsteinformation in der Ferne, die aussah wie zwei Menschen in Mänteln. Der kleinere lehnte sich gegen den größeren. Wir blickten in den Fluß, bis wir davonschmolzen, oder sahen zu, wie Reiher nach einem Gleitflug landeten und nach Schalentieren fischten. Oft lagen wir auf dem Rücken unter Bäumen und sahen den Wolken zu, während er sang, oder wir verfolgten den Flug eines Krähenschwarms. Langsam wurden wir selbst zu Sandstein, zum Fluß, zu Reihern, zu Wolken, zu Krähen.

Die Eingeborenen fingen an, miteinander über Traumkraft zu flüstern. Sie spürten, was John mit mir machte. Wenn ich »vollkommen still« und die Welt »leise« war, wie John es ausdrückte, zeigte er mir kreisende Arm- und Handbewegungen, mit denen man Energie »heranzog und fließen« ließ. Die

Bewegungen erinnerten mich an Beschwörungen über einem brodelnden Hexenkessel.

Als nächstes brachte er mir im Schlafen und im Wachen bei, vor mir eine kreisende Spirale zu erträumen, durch die ich Luft und Wasser, Wolken, Energie, die Erde selbst heranzog und verwandelte. Wir übten an der Formation der Sandsteinsäulen am Horizont. John sagte mir, ich solle sie durch die Spirale ziehen und versuchen, sie woanders erscheinen zu lassen. Ich weiß nicht, ob es die absolute Stille war, die Macht seiner Gegenwart oder sogar meine eigene Traumwelt, aber seine Worte schienen mir ganz und gar verständlich.

John erzählte mir, wie er sich Energie durch einen dunklen Tunnel heranziehen konnte oder indem er in einer Pyramide unter einer Spirale lag. Was er erklärte, sagte er, sei sehr visionär, und könne nur mit dem Auge zwischen den Augenbrauen wahrgenommen werden. Da erinnerte ich mich an das Gefühl des dunklen Tunnels, das ich im Zug nach Yuma verspürt hatte. Es hatte mich an die angebliche Todeserfahrung von einem »Licht am Ende des Tunnels« erinnert. Alle Zweifel an seinen Methoden waren für immer aus dem Weg geräumt, da damit die Macht von Johns Techniken bewiesen war. Ich begann ein silbern leuchtendes Energieband wahrzunehmen, das aus meinem Bauchnabel hervorkam. Was immer ich heranzog, würde irgendwo in eine körperliche Erscheinung explodieren, dann wachsen, kreisen und sich entwickeln.

Manchmal grübelte ich, was für ein Wesen auf diesem Pfad wanderte. Eines nachts übermannte mich meine Neugier. Wir lagen in unseren Betten, und die Schiebefenster waren offen. Der Mond schien durch Johns Fenster und tauchte ihn in Licht. Ich schlüpfte aus meinem Bett und ging leise auf

46

Zehenspitzen zu ihm hinüber. Er lag auf dem Rücken, reglos wie ein Stein und ebenso still. Ich legte mich neben ihn und konnte die harten Muskeln seines Körpers fühlen. Plötzlich sah ich ein silbergoldenes Licht unter seinen geschlossenen Augenlidern; die Sphären begannen, in meine Richtung zu rollen. Ich kuschelte mich noch enger an ihn.

Es fühlte sich an, als läge ich neben einem sprühenden Feuerwerk. Goldene Energie stieg von ihm auf, weitete sich aus und hüllte mich wie eine Decke ein. Ich schmolz und wurde ein golden plätschernder See, pulsierte im Bewußtsein meines eigenen Seins. Wir blieben in dieser Energie verbunden, bis die Sonne aufging, und wir beide unsere Augen aufschlugen, zuerst ich, eine Sekunde später er.

Das war John Black Crow. Unser Tanz war zugleich elegant, vertraut, einzigartig und meistens lautlos. Wir absorbierten einander. Wir brannten jeder durch den anderen. Nie in meinem Leben habe ich so ein tiefes und kraftvolles Verschmelzen mit einem anderen Wesen empfunden. Würde man unsere Verbindung eine enge Liebe nennen wollen, wäre das so, als vergleiche man das Leuchten einer Glühbirne mit dem der Sonne.

Wir wußten, daß ich eine Reise zu machen hatte und daß uns etwas Unendliches verband. Es war für immer. Er sprach meine Sprache besser als jeder andere, und ich war diejenige, die seine Sprache vollkommen verstand. Und wie er mir versprochen hatte, nahm mich John eines Tages mit zur Grenze bei San Luis Rio Colorado. »Geh! Mach! Sei! Suche! Komm zurück, wenn der Geist dich bewegt. Du findest mich hier.«

Es war ein schöner, klarer Nachmittag. Ich wünschte mir, noch länger bei ihm zu bleiben, und griff nach seiner Hand. Ich war von ihm gefesselt und versank in der Vorstellung, wie sehr ich ihn liebte und ihm vertraute. Dann rührte sich eine unbekannte Neugierde in mir wie Phönix aus der Asche und ich blickte über die Colorado-Brücke nach Mexiko hinüber. Als ich mich wieder umwandte, hatte John Black Crow mir etwas in die Hand gelegt.

Er stand am Rand der Brücke, als ich hinüberging, bis wir uns nur noch als Punkte in der Ferne sahen. Ich öffnete meine Hand vor der Grenzstation. Darin lag Johns Ohrring mit der Pumapfote.

# 3. Kapitel

In das alte Mexiko zu reisen erschien mir als einer jungen, erst kürzlich »verwitweten« Frau, als würde ich mich opfern. Rüde Männer mit Strohhüten standen an staubigen Straßenecken vor niedrigen, einfachen Gebäuden, immer bereit, ihren Besitzanspruch auf alles Weibliche geltend zu machen. Einige grinsten mir anzüglich zu und riefen mir etwas nach. Ich fragte nach dem Weg und ging zum nahegelegenen Bahnhof. Der tägliche Zug war fast zur Abfahrt bereit.

Keine Erfahrung der Welt kann einen auf eine Fahrt in einem mexikanischen Zweiteklassezug vorbereiten. Ich setzte mich auf einen Sitz und stellte sogleich fest, daß das Fenster herausgebrochen war; doch nachts bläst in der Wüste ein kalter Wind. Die guten Plätze mit den heilen Fensterscheiben waren schon von bescheidenen mexikanischen Landfrauen und ihren Kindern eingenommen worden oder von markigen Männern mit Strohhüten und Stiefeln. Eigentlich war das Wort »Sitzplatz« nicht gerade zutreffend. Es handelte sich eher um harte Holzbänke mit Rückenlehne.

Mir wurde gesagt, daß dieser Zweiteklassezug doppelt so lange für die Fahrt nach Mexiko-Stadt brauchte wie einer erster Klasse, weil dieser Zug in jedem kleinen Dorf auf der Strecke haltmachte. Es war sinnlos, nach einer Erstattung zu fragen; die gesamte 36-Stunden-Fahrt kostete nur zehn Dollar. Als ich mich verzweifelt umsah, bemerkte ich, daß sich die meisten Leute sehr gut auf die Reise vorbereitet hatten. Fast

jeder hatte eine Plastiktragetasche bei sich, die Toiletten-
papier, dünne Decken, Essen und nasse Tücher, um die Hände und das Gesicht abzuwischen enthielt.

Das primitivere Leben in Mexiko schien auf meinen inneren
Zustand abgestimmt zu sein, doch der überall gegenwärtige
Kulturunterschied war vollkommen betäubend. Der Zug verließ den Bahnhof, zockelte fast eine Stunde lang durch die
mexikanische Wüste und hielt dann für den Rest der Reise
alle dreißig Minuten. Wenigstens war der Lufthauch erfri-
schend.

Jedesmal, wenn der Zug einen Bahnhof anfuhr, fielen Verkäufer jeden Alters mit Plastikwannen voller selbstgemach-
ter Produkte über uns her und bevölkerten, ihre Waren
anpreisend, die Gänge. »Tamales calientes!« »Churros!«
»Cerveza fria!« Manches sah wirklich gut aus, und die um
mich herum sitzenden Leute lächelten anerkennend, wenn
ich nachgab und ein Hühnchen-Tamale kaufte. Eine ältere
Frau reichte mir eine feuchte Papierserviette aus ihrer
Tasche.

Die Toiletten zu benutzen, wenn man sie überhaupt so nennen konnte, war eine ganz besondere Erfahrung. Es handelte
sich im Grunde genommen um übelriechende Wasserklo-
setts ohne Wasser. Wegen der großen Zahl der Besucher und
des rüttelnden Zuges sahen sie eher nach Tierbehausungen
aus. Der Boden in der von mir benutzten Toilette war naß
und klebrig. Ich hielt die Luft an und beeilte mich, schoß aus
der Tür und atmete gleichzeitig tief ein. Einige der Mexikaner sahen mir zu und lachten gutmütig.

Als der Abend näherrückte, änderte sich das Warenangebot
der Verkäufer. Nun verkauften sie dünne Decken und starken Kaffee mit Zucker. Im Osten waren die Berge zu sehen,

aber wir fuhren noch immer durch die Wüste. Ich kaufte eine Decke für zehn Dollar, doch es war mir unmöglich zu schlafen, statt dessen trank ich Kaffee.

Im Laufe des Abends änderte sich die Aufmachung der Mitreisenden: aus nordmexikanischen Wüstenbewohnern wurden südmexikanische Landsmänner. Die Stiefel wurden durch selbstgemachte Sandalen namens *cuaraches* ersetzt. Die Tamales waren nicht länger in Maisblätter eingewickelt und mit Hühnchen gefüllt, sondern lagen nun in dicken, saftigen Bananenblättern und waren mit Obst und Gemüse gefüllt. Ich verschlang diese neuen Tamales.

Als die Sonne aufging, fuhren wir gerade in eine üppige, tropische Berglandschaft. Das Blätterwerk reichte bis an die Zugfenster. Nebel hing in der frühen Morgenluft. Das war Tapic im Staat Nayawit, auf halbem Weg nach Mexiko-Stadt. Die Menschen hier waren einfacher und sogar freundlicher als die im Norden. Die robusten Frauen trugen bunte Tücher, die *rebozos,* die über Bauernblusen und um die Schultern geschlungen wurden. Die Arme der Frauen waren gebräunt und kräftig. Im Norden waren die Farben der *rebozos* trist, und die Kleidung war im allgemeinen städtischer, doch einfach.

Eine Frau, die mir gegenübersaß, lehnte sich vor, um mir zu erzählen, daß der Zug die Richtung ändern und nach Osten fahren würde, wenn wir Guadalajara erreicht hätten. Dann würde er diese Richtung beibehalten, bis wir die Hauptstadt Mexikos gelangten. Ich fragte mich, ob es wohl leicht sei, eine Verbindung zur Stadt Palenque zu bekommen, wie lange diese Fahrt dauern würde und ob es wohl einen Zug erster Klasse mit gepolsterten Sitzen und Fensterglas geben würde.

Spät am Abend fuhr der Zug in den modernen Bahnhof des

Districto Federal ein, wie die Mexikaner ihre Hauptstadt nennen. Bei moderater Geschwindigkeit dauerte es mehr als eineinhalb Stunden, über die durch die Stadt verlaufenden Schienen bis zu den Bahnsteigen zu fahren. Ich hatte den Eindruck, daß Mexiko-Stadt fast unendlich war, hochentwickelt und vollkommen barbarisch. Ein aztekischer Ameisenhügel von solch gigantischen Ausmaßen, daß nur noch Coatlicue ihn als ein Ganzes erfassen konnte, die Schöpfer-Zerstörer-Gottheit, die diese Stadt geboren hatte.

Die alte aztekische Hauptstadt, auf der Mexiko-Stadt später von ihren Eroberern erbaut worden war, hieß ursprünglich Tenochtitlan und war an der Stelle gegründet worden, wo eine prophezeite Erscheinung stattgefunden hatte. Den Azteken war gesagt worden, daß ihre Hauptstadt dort stehen sollte, wo sie einen Adler sähen, der eine Schlange auf einem Kaktus in der Mitte eines Sees verschlingt. Die Azteken waren zäh, zahlreich und kriegerisch, und sie waren vom Opfertod besessen. Mexiko-Stadt erträgt ihren unstillbaren Hunger.

Die große Halle des Hauptbahnhofs summte vor Geschäftigkeit. Es gab große Fahrpläne für Züge, die in alle Richtungen fuhren. Auf der Tafel für die Züge gen Süden entdeckte ich einen Zug nach Palenque, der um Mitternacht abfuhr. Es war gegen neun Uhr abends, und ich entschied, die Zeit im Bahnhof abzuwarten und noch in derselben Nacht nach Palenque aufzubrechen. Ich ging an den Schalter für Züge gen Süden und fragte den Bediensteten nach einer Fahrkarte erster Klasse. Er sagte mir, der gesamte Zug sei erster Klasse, sogar Schlafwagen seien vorhanden. Weil ich seit zwei Tagen nicht geschlafen hatte, freute ich mich auf eine eigene Koje mit eigener Toilette.

Da ich herumlaufen konnte, war das Warten erträglich. Ich

ging ins Restaurant und bestellte Hühnchen-Enchilladas und eine Tasse *atole,* ein heißes Korngetränk mit Vanille-, Zimt- oder Schokoladengeschmack. Danach fand ich das angegebene Gleis und stellte mich in die Schlange, um in den Zug zu steigen. Die Leute in der Schlange schienen schon wieder eine andere Art Mexikaner zu sein. Die meisten Männer trugen weiße Hosen und einfache Hemden mit Sandalen. Einige hatten Macheten und gewebte Taschen bei sich. Viele Frauen hatten hellweiße, bestickte Tuniken an und fröhliche, bunte, gewebte *rebozos.*

Ich bemerkte einen Mann, der besonders auffallend war. Er war mittelgroß, gebräunt, gepflegt und muskulös. Er trug ein einfaches Hemd, Hose und Sandalen, aber sein Hemd war türkis, nicht weiß. Sein Strohhut erinnerte mich an die der vietnamesischen Reispflücker mit kleinen Pferdehaartroddeln, die am hinteren Teil des Huts baumelten. Er trug einen gewebten Beutel voller getrockneter Pflanzen und beugte sich vornüber, um etwas darin zurechtzurücken. Offensichtlich bemerkte er aus den Augenwinkeln, daß ich ihn beobachtete.

Plötzlich drehte er sich mit einer auffälligen Bewegung um und sah mich an, nahm dann mit einer eleganten Geste seinen Hut vom Kopf und legte ihn neben sich. Sein schwarzblaues Haar reichte nicht ganz bis zum Kinn, und die Ponyfransen hingen fast bis auf seine Augenbrauen. Sein Lächeln war breit, weiß und weit, fast von einem Ohr zum anderen. Seine Ohrläppchen waren durchlöchert, in den Löchern saßen kleine Jadestecker. Um den Hals trug er ebenfalls eine Kette aus Jadeperlen.

Ich rieb mir ungläubig die Augen. Dieser Mann ähnelte sehr stark dem Maya aus meinem Dschungel-Traum mit John! Ich ließ meine Taschen fallen, blieb auf der Stelle stehen und starrte ihn nur mit offenem Mund an. Meine Handflächen begannen zu schwitzen, und mein Magen drehte sich. Ich redete mir ein, daß ich vollkommen erschöpft war und mir die Ähnlichkeit nur einbildete. Plötzlich fühlte ich Wasser kommen und rannte zur Damentoilette. Er stand einfach da, grinste und sah mich flüchten, als ich um die Ecke des Bahnsteigs verschwand.

Als ich zurückschlich und um die Ecke spähte, stand der Mann noch an derselben Stelle und brachte seinen Beutel in Ordnung. Er sah zu mir auf, während er einen Knoten in ein Hanfseil machte, das sein großes Bündel zusammenhielt. Er lächelte mir unter der Krempe seines Huts zu, richtete sich auf und ging mir einige Schritte entgegen. Ich stützte mich ab und stand still, vollkommen gelähmt. Er blieb stehen, legte den Kopf schräg und lauschte der Ankündigung, daß unser Zug abfahre.

Mehrere junge Männer in weißen Hemden und Hosen liefen auf ihn zu, plapperten in einer Sprache, die nicht Spanisch war, sie enthielt eine Menge Knacklaute und »ac« –, »ic« –, »uc«-Silben. Sie schienen ihn mit Respekt zu behandeln. Die ganze Gruppe hatte kurze, dunkle Haare und sehr fein gemeißelte, adlerähnliche Nasen. Ich schwöre, daß ich hörte, wie sie ihn »Chuch« riefen, der Maya-Name aus meinem Traum. Sie nahmen seinen Sack und trugen ihn in den Waggon.

Der Zug wurde zum zweiten Mal aufgerufen, und ich eilte in den Schlafwagen, der sich hinter dem Waggon befand, den der Mann und seine Begleiter belegt hatten. Als der Zug den Bahnhof verließ, streifte ich meinen Pyjama über und stieg in die Koje. Ich war zu müde, um über die Ereignisse des Tages nachzudenken, und nachdem wir Mexiko-Stadt verlassen hatten und auf die Hügel zufuhren, lullte mich die Dunkelheit im Abteil und die rhythmische Bewegung des Zuges in den Schlaf.

Am Morgen war mein Abteil warm und stickig. Ich steckte meinen Kopf in den Gang, und ein vorbeikommender Schaffner sagte mir, wir seien noch zehn Stunden von Palenque entfernt. Die Gegend war dicht bewachsen, ab und an sah man einige größere oder kleinere Städte. Da ich fast die Hälfte der Fahrt geschlafen hatte, war ich hungrig. Ich wusch mich schnell, zog mich an und schlenderte dann in den nächsten Waggon, um auf die Verkäufer zu warten.

Die Waggons der ersten Klasse besaßen vinylgepolsterte Sitze und Fensterscheiben. Auch war es sichtbar sauberer hier. Mir wurde mitgeteilt, daß dieser Zug nicht so oft anhielt wie der Zweiteklassezug, und so mußte ich etwas warten, bis wir in der nächsten großen Stadt eintrafen. Ich lief den Gang entlang und suchte nach einem Sitzplatz. Ich ging an dem Mann vom Bahnhof und seinen Begleitern vorbei, die zwei Bänke besetzten. Sie kauten Pistazienkerne. Der Mann lächelte mich an, als er mich sah. Es schien so, als sei der einzige freie Sitz genau neben ihm. Als ich zurückkam, klopfte er auffordernd mit der einen Hand auf den Sitz, während er eine Pistazienschale in die andere Hand spuckte.

»Hast du Hunger, Mädchen?« fragte er in einem seltsam akzentuierten Spanisch, als ich mich setzte.

»Ich warte auf Tamales«, antwortete ich, auf meinen Magen hörend.

Er und seine drei Begleiter brachen in Lachen aus. »Vielleicht haben sie Yucca-Tamales mit Mandeln. Hast du die schon probiert? Das sind meine Lieblings-Tamales.«

Von einem Sitz hinter ihm rief einer seiner Begleiter: »Ich

mag Ananas-Tamales mit Rosinen.« Alle lachten. »Das sind meine Neffen: Elicio, Tiofilo und Ignacio«, sagte der ältere Mann. »Mein Spitzname ist Chon. Sie kommen aus der Gegend um Palenque, aber ich komme ursprünglich aus einer Gegend namens Tayasal oder Flores, wie man es nun nennt, in Guatemala, was in der Nähe der Ruinen von Tikal ist. Kennst du die Ruinen?«

»Sie sind einer der Gründe, warum ich nach Mexiko kam.«

»Wirklich?« fragte Chon in gespielter Überraschung und zog die Augenbrauen hoch.

»Ja«, fuhr ich fort. »Ich möchte sehen, was war. Ich bin nicht so begierig auf das Jetzt.« Mein Ton war ziemlich resigniert.

»Das ist der beste Grund zu kommen«, sagte Chon. Seine Stimme war seltsam beruhigend. »Ja, alles ändert sich, aber die Tempel sind immer noch wertvolle Kostbarkeiten!« Chon sprach mit starker Inbrunst. Ich mochte diesen Mann intuitiv.

Der Zug hielt in der feuchten Bergstadt San Andres Tuxtlar im Staat Veracruz. Die erwarteten Tamales-Verkäufer stiegen in den Zug. »Es gibt Yucca-Tamales!« rief Elicio aus. Er kaufte genug für uns alle, und ich dankte ihm überschwenglich.

»Es ist gut, daß wir wußten, was wir nehmen sollten«, warf Chon ein. »In dieser Gegend gibt es viele Zauberer, und wer weiß, was sie in ihr Essen tun.«

Ich ließ diese Bemerkung unbeantwortet und kaute mein Tamale, während der Zug durch die hügelige Gegend mit den Dörfern tuckerte, die man Tuxtlas nennt. Die Begleiter waren während des Essens für einige Minuten still und entspannten sich dann. Aus dem Fenster sahen sie auf die üppige, grüne Vegetation.

»Diese Gegend hier ist sehr feucht«, begann Chon, meinen Rücken und meine Schulter berührend. »Viel Feuchtigkeit bedeutet viele Moskitos für dich.«

»Moskitos mögen mich nicht sehr«, ich drehte mich auf meinem Sitz, um ihn anzusehen.

»Oh, diese schon«, kicherte er. »Hast du eine Hängematte und ein Moskitonetz?«

»Nein, ich wollte in einem Hotel wohnen.«

»Die werden dir nicht gefallen«, sagte Eligio von seinem Sitz. »Keine frische Luft.«

Chon riß seine Augen weit auf und starrte mich an. »Was? Dann bist du zu weit von den Ruinen entfernt, um sie zu Fuß zu erreichen. Die Stadt Palenque liegt fast sieben Meilen entfernt, und man kann sich die Stätte nur während der gesetzlichen Öffnungszeiten ansehen. Die beste Zeit ist am frühen Morgen oder in der Dämmerung, wenn keine Leute mehr da sind. So machen es auf jeden Fall die Maya aus der Gegend.«

»Aber ich kenne hier niemanden, bei dem ich wohnen könnte.« Mir war klar, worauf dieses Gespräch hinauslaufen könnte, und als alleinreisende Frau war ich lieber vorsichtig.

»Es gibt Campingplätze, aber die sind auch ein bißchen weit weg. Meine Schwester Esmeralda, die Mutter dieser drei hier«, sagte Chon, auf seine Neffen weisend, »besitzt ein Haus ungefähr eine Meile nördlich der Ruinen. Sie hat ein kleines Straßenrestaurant. Wir wollen dorthin; ich bleibe da eine Zeitlang, aber die Jungen hier gehen zu ihren eigenen Häusern. Du kannst gerne bei uns wohnen.«

»Oh, das geht wirklich nicht, ich meine...«, stammelte ich und guckte weg.

»Aber natürlich geht das. Du kennst uns noch nicht. Deshalb

57

fühlst du dich unwohl. Das verstehe ich. Aber bei uns wohnen oft Fremde«, argumentierte Chon.

»Onkel Chon ist ein Heiler«, erklärte Ignacio. »Menschen aus dem ganzen Maya-Gebiet kommen, um sich behandeln zu lassen, und viele bleiben mehrere Tage. Bei meiner Mutter haben sogar schon Archäologen von der Universität gewohnt. Sie ist an so etwas gewöhnt. Glaub es mir. Wenn Onkel Chon zu Besuch ist, hat er eine Hütte nur für seine Patienten. Und wenn sie frei ist, kannst du darin wohnen und hast deine eigenen vier Wände.«

Chon schien ein wenig betreten über den Respekt seines Neffen zu sein. Er wandte sich an mich, als Ignacio geendet hatte. »Wir haben Hängematten und Netze. Du kannst meiner Schwester Geld für das Essen geben. Sie ist eine sehr gute Köchin. Ungefähr eine Meile von der Hütte entfernt gibt es einen Wasserfall, an dem man großartig baden kann, und wir können am Abend die Ruinen erforschen, wenn meine Patienten gegangen sind. Ich bin ein sehr guter Führer und verlange nicht viel dafür.«

Sein Angebot schien ehrlich, und es lag auf der Hand, daß er nett und vertrauenswürdig war. Auch seine Neffen waren sehr gut erzogen. Eine freundliche Familie. Ich hatte gehört, daß das Sprichwort »Mi casa es su casa« (Mein Haus ist dein Haus) in Mexiko sehr viel bedeutete und daß es für unhöflich gehalten wurde, wenn man eine ernstgemeinte Einladung ablehnte. Ich fühlte mich nicht ganz wohl in meiner Haut, nahm das Angebot aber zaghaft an. Seine Neffen jubelten. Sie sagten mir, daß ihr Onkel während des Tages wahrscheinlich sehr beschäftigt sei und daß ich die Ruinen auch mit ihnen erforschen könne.

»Wenn die Leute aus der Gegend hören, daß Onkel Chon da

ist, kommen sie alle herbei«, sagte Tiofilo und setzte sich neben mich. »Ich habe einen Freund besucht, der außerhalb von Tuluca im Staat Mexiko lebt«, fügte Chon zur Erklärung hinzu, »deshalb war ich am Bahnhof. Mein Freund ist ein Kräuterkundler. Er sammelt medizinische Pflanzen, die ich nur bei ihm finde. Er schenkt mir jedesmal eine Menge, wenn ich ihn besuche. Sie sind in dem Beutel, den ich mit mir herumtrage.« Chon lächelte schüchtern.

Es waren noch ungefähr acht Stunden bis Palenque. Chons Neffen nahmen ihre Hüte aus den Gepäcknetzen über den Sitzen und legten sie sich übers Gesicht, um ein Nickerchen zu machen. Ich entschuldigte mich und ging zurück in mein Abteil, um es ihnen gleichzutun. Es war gegen sieben Uhr abends, als der Schaffner die Ankunft in Palenque ankündigte. Ich vertilgte gerade noch eine Portion Tamales. Ich aß schnell auf, griff nach meinem Rucksack und ging in den nächsten Waggon, um den Zug zusammen mit Chon und seinen Neffen zu verlassen.

Es war sehr schwül auf dem Bahnsteig. Die Dämmerung, die durch den dichten Dschungel sickerte, hatte einen grünlichen Farbton. Eine attraktive Frau im mittleren Alter mit graumelierten Zöpfen, die bis auf ihre starken Hüften reichten, winkte und schlenderte zu uns herüber. Ihr Lächeln war sehr gewinnend. Sie war weder besonders dunkel- noch besonders hellhäutig, sondern besaß einen leuchtenden Hautton. Die Frau trug ein weißes, schlichtes Baumwollkleid mit durchbrochenen Spitzeneinsätzen über der Brust und an den kurzen Ärmeln, dazu Plastiksandalen.

»Wie geht's, Chon?« fragte sie auf Spanisch, trat auf ihn zu und küßte ihn auf die Wange. Dann lächelte sie mich an: »Gehört sie zu dir?«

»Ja, Esmeralda. Merilyn, das ist meine Schwester.« Die beiden sahen nicht wie Geschwister aus. Sie sahen ganz im Gegenteil so unterschiedlich aus, daß es sich um einen Scherz handeln mußte.

»Wird sie in der Hütte wohnen?« fragte Esmeralda vorsichtig.

»Ja«, entgegnete Chon.

»Also, herzlich willkommen«, sagte Esmeralda zu mir und nickte bestätigend. »Chon, zu Hause wartet eine Frau mit einem Baby auf dich. Ich denke, der Kleine hat vielleicht *susto* [Angst]«, fügte sie hinzu. Mit einem Seitenblick auf mich gab sie ihren Jungen nun einen flüchtigen Kuß auf die Wange und schritt dann mit uns im Schlepptau davon. An der Bushaltestelle unterhielten wir uns höflich; mit unseren Taschen standen wir unter dem sich verdunkelnden Himmel.

»Wenn wir zu Hause ankommen, mache ich dir etwas Schönes zu essen«, sagte Esmeralda überschwenglich, als ob Essen ein magischer Liebesakt wäre. Ihr schien das Herz in der Brust zu schwellen, sie faltete ihre Hände darüber. Sie war sehr schön und freundlich. Ich spürte, daß ich eine gute Wahl getroffen hatte.

Auf dem Weg aus der Stadt hinaus kamen wir an einem großen Denkmal vorbei. Es war eine Büste des berühmtesten Herrschers von Palenque, Pacal Votan, der zur Aufbewahrung seiner Überreste einen Tempel voller Inschriften erbaut hatte, ähnlich den ägyptischen Pyramiden. Er trug den vollständigen Federschmuck auf dem Kopf, und die Linienführung der weißen Skulptur war außergewöhnlich fein, klassisches Maya, sie verlieh der Skulptur einen weichen, fließenden Ausdruck, wie bei einer Figur von Zuniga.

Esmeraldas Restaurant hieß Antojitos Mayas. Es war eine an drei Seiten offene Hütte mit Ventilatoren unter der Decke und kleinen Holztischen. Ihre Speisekarte wurde täglich auf eine Tafel geschrieben und bestand aus lokaler mexikanischer und Maya-Kost. Der durchschnittliche Preis einer Mahlzeit betrug drei Dollar, und obwohl ich mein Essen mit ihrer Familie zusammen einnahm, zahlte ich ihr diesen Preis. Chon hatte recht. Sie war eine hervorragende Köchin. An jenem ersten Abend servierte sie uns Kürbissuppe und Geschnetzeltes vom Wildtruthahn, das in Tortillas gerollt und mit einer Kürbiskernsauce bedeckt war. Nachdem ich drei Tage lang Tamales von Bahnsteighändlern gegessen hatte, war das ein wahrhaftiges Fest.

Alle Maya-Hütten haben die gleiche Form, obwohl ihre Größe sehr unterschiedlich sein kann. Die *yotoch,* wie sie genannt werden, haben die Form einer Badewanne und keine Fensteröffnungen, nur eine Vorder- und Hintertür. Die Wände bestehen entweder aus mit Lehm bedecktem Flechtwerk, Stroh oder aus luftgetrockneten Lehmziegeln; das Dach ist immer aus dickem Stroh. Innen ist es kühl und dunkel, die Einrichtung mit den zwischen die Träger gespannten Hängematten ist sehr praktisch. Um das Haus herum stehen häufig Obstbäume, *milpas* [Kornfelder], duftende Blütenpflanzen, Tiere und eine Küchenhütte, in der man einen mit Holz beheizten Stein- oder Zementofen findet sowie einen Holztisch, Tontöpfe und ähnliches.

Auf Esmeraldas Grundstück standen eine große Familienhütte aus Stroh im hinteren Teil, eine kleine Strohhütte für Besucher daneben und, ein paar Schritte entfernt, das Restaurant. Es gab Avocado- und Mangobäume, rote und violette Bougainvillea und ein paar Hühner und Truthähne. Sie besaß eine *milpa* einige Meilen weiter. Alles in allem war es ein wunderschöner, natürlicher Ort, der einen sonderbaren, traumähnlichen Frieden ausstrahlte.

# 4. Kapitel

Meine erste Nacht, die ich in einer Hängematte im Dschungel verbrachte, war eine verblüffende Erfahrung. Das Gefühl, fast schwerelos zu schweben, war sehr friedlich. Ein Lufthauch kam durch die offenen Türen und schwang die Hängematte sanft hin und her. Die Fremdheit der Dschungellaute faszinierte mich. Manche waren wunderschön, darunter ein Vogelruf, der klang, als falle ein Kieselstein ins Wasser. Andere waren äußerst störend. Das Zikadenkonzert wurde ziemlich laut. Wieder andere Töne waren phantasieanregend, beschwörten Bilder von Geistern herauf, die in der Dunkelheit spukten. Die Brüllaffen waren, gelinde ausgedrückt, am rücksichtslosesten. Da sie hoch in den Bäumen saßen, schallten ihre Schreie, die einem Knurren oder langen Hornstößen glichen, durchdringend aus allen Richtungen. Die Kakophonie der Geräusche erstarb manchmal nach einem großen Gekreische für einen Moment, als überlegte der ganze Dschungel, ob gerade eine Raubtierwarnung ausgestoßen worden war oder man sich nur gegenseitig nachäffte. Ich war vollkommen verzaubert von meiner Nacht in Eden.

Am Morgen fühlte ich mich ziemlich ausgeruht. Nachdem ich mich angezogen hatte und aus meiner Hütte getreten war, sah ich Esmeralda in einem bestickten Kleid, die die Hühner fütterte, bevor sie das Restaurant zum Frühstück öffnete. Ihre glänzende, braune, geschmeidige Haut leuchtete frischgewaschen, und ihre Zöpfe waren noch naß. Maya im

Dschungel baden mehrmals am Tag. Chon schaufelte mit einer Schöpfkelle frisches Wasser aus einer Regentonne.

»Guten Morgen!« flötete Esmeralda mir zu, während sie das Futter auswarf, und die Hennen um ihre Füße gluckten.

»Guten Morgen«, antwortete ich und ging zu ihr hinüber.

»Wir frühstücken gleich. Da vorne ist ein Eimer, wenn du dich waschen möchtest. Ich werde den ganzen Tag bei den Leuten im Restaurant sein. Du kannst gerne herüberkommen und mir Gesellschaft leisten, aber ich glaube, Chon möchte, daß du ihm heute bei seinen Behandlungen zuschaust und siehst, wie es in diesem Teil der Welt zugeht. Keine Angst, du wirst dich an den Lebensrhythmus hier gewöhnen. Hier geht es bestimmt viel langsamer zu, als du es kennst.« Esmeralda lächelte mich wieder an und zeigte in Chons Richtung. »Du solltest hinübergehen und ihm zusehen, bevor wir essen. Er bereitet sich gerade auf das Zählen vor.«

Ich blickte auf Chon, der unter einem Baum einen kleinen Tisch und zwei Stühle aufgestellt hatte. Als ich hinüberschlenderte, konnte ich sehen, daß die Tischoberfläche ein Schachbrettmuster aus ungefähr zwanzig roten und schwarzen Quadraten hatte. Chon saß auf einem der Stühle.

Ein schwerer Mann kam auf ihn zu. »Sei gegrüßt, Chuch!« rief der Mann. Chon stand auf, und die beiden Männer schüttelten die Hände. Der Mann setzte sich Chon gegenüber auf den Stuhl. Ich nahm auf einem nahen Baumstumpf Platz, um zuzusehen. Chon gab ein Häufchen Kristalle und Korallenbaumsamen aus einem Beutel auf den Tisch. »Was möchtest du wissen?« fragte er.

»Es läuft für mich nicht sehr gut hier«, sagte der Mann. »Ich frage mich, ob ich nicht mit meiner Frau zurück nach Piste ziehen, woher ihre Familie stammt, und diese Gegend verlassen soll. Ich kann sie auch hier lassen und eine Arbeit als Dschungelführer zu den Ruinen von Bonampak annehmen, die mir ein Freund angeboten hat. Das hieße, daß ich die meiste Zeit weg wäre, aber ich könnte Geld nach Hause schicken.«

Chon begann, die Kristalle und Samen in den Quadraten zu kleinen Gruppen zusammenzuschieben. Während er sie auf-häufte, murmelte er ein paar Worte, die auf «-ic« endeten, als zählte oder betete er. Es schien eine Art mathematischer Weissagung zu sein. Als er fertig war, sah Chon den Mann an. »Du solltest beides tun«, verkündete er. »Nimm deine Frau und deine Kinder mit nach Hause und laß sie bei ihrer Mut-ter in Piste. Sie können dort für weniger Geld glücklicher leben, und deine Frau wird ihre Mutter pflegen können, die das bald nötig haben wird. Dann könntest du den Job als Führer annehmen, bis sich eine andere Gelegenheit ergibt, die näher bei Piste liegt.«

Der Mann war begeistert und dankte Chon überschweng-lich, er schüttelte ihm mehrere Male sehr herzlich die Hand. Nachdem der Mann aufgestanden und gegangen war, schob Chon die Samen und Kristalle zurück in seinen Beutel und deutete mir, ihn zur Küchenhütte zu begleiten. »Laß uns essen, bevor zu viele Leute kommen!« rief er mir zu.

Esmeralda hatte frischen Ananassaft, Papaya, Rührei mit fri-schen Chilis und Tortillas für das Frühstück bereitgestellt. Während wir aßen, tupfte sich Chon bei jedem Bissen Chili den Schweiß von der Stirn. »Chilis sind sehr gut für deine Zähne«, sagte er mir.

»Was bedeutete diese Sache mit den Samen?« fragte ich ihn, als Esmeralda noch mehr Tortillas brachte.

»Chon ist ein Chuch Kahau«, warf Esmeralda ein. »Das bedeutet in unserer Sprache Familienoberhaupt oder Hüter des heiligen Zählens. In Tikal, in der Nähe unserer Heimat, wurden in alten Zeiten alle weissagenden Berechnungen durchgeführt und aufbewahrt. Wenn er in einem Traumzustand ist und das Zählen benutzt, kann Chon Fragen über die Zukunft beantworten.« Voller Stolz sah sie zu Chon hinüber und lächelte. »Er irrt sich nie«, fügte sie hinzu. »Er sieht in die Leute hinein, erkennt ihre Beweggründe, ihre Energie, ihre Muster. Du wirst es heute kennenlernen.«

Ich lauschte voller Ehrfurcht, während ich mir Papaya in den Mund stopfte. Chon und Esmeralda sahen einander an. In dem Moment erschienen Eligio, Tiofilo und Ignacio und setzten sich an den Tisch. Zuerst begrüßten sie auf überschwengliche Weise ihre Mutter, dann ihren Onkel und schließlich mich, fast so, als sei es ein lustiges Familienritual. »Also, wie gefällt es dir hier? Es ist schön, oder?« fragte mich Tiofilo. »Ja!« sagte ich eifrig und stopfte mir den Mund noch voller. Alle lachten.

»Wir dachten, wir kommen mal kurz vorbei, bevor wir zur Arbeit gehen«, fügte Elicio hinzu.

»Was macht ihr denn so?« fragte ich und griff nach einer Tortilla.

»Wir sind Führer bei den Ruinen, aber arbeiten auch auf unseren Feldern und helfen manchmal bei den Ausgrabungen«, sagte mir Ignacio.

»Habt ihr schon gegessen?« fragte ihre Mutter.

»Ja, danke, Mom«, sagten alle drei auf die gleiche überschwengliche Art. Die drei jungen Männer nahmen statt dessen jeder eine Tasse Kaffee. Ich erkannte, daß es Brauch war, jemandem, den man besuchte, zu erlauben, etwas für einen zu tun, ob man es selbst wollte oder nicht.

65

»Also gut«, sagte Elicio, strich über sein weißes Hemd und erhob sich höflich vom Tisch, als sie ihren Kaffee ausgetrunken hatten, »wir gehen. Die Ruinen machen früh auf. Ich weiß, daß unser Onkel dich selbst mit dorthin nimmt, aber wenn du uns während deines Aufenthalts brauchst, dann sag einfach Bescheid. Wir stehen dir alle zur Verfügung«, sagte er galant. Nach dieser öffentlichen Erklärung küßten sie ihre Mutter, gaben mir die Hand und griffen beim Herausgehen noch nach ein paar Tortillas.

Mehrere junge Maya-Frauen trafen ein, um ihren Arbeitstag im Restaurant zu beginnen. Sie waren hübsch angezogen, mit dunkelblauen, gekräuselten Baumwollröcken und bestickten, schulterfreien, weißen Blusen. Esmeralda ging mit ihnen. Chon und ich blieben am Tisch in der Küchenhütte sitzen. Ich fühlte mich seltsam unsicher, als gewisse Gefühle in mir hochkamen. Ich starrte auf meinen Teller. Wahrscheinlich war ich rot geworden.

Als ich mein Gesicht hob, lächelte Chon wissend. »Chuch Kahau?« fragte ich ihn.

Dieses Mal wandte er sich ab. »Ja«, sagte er sanft. »Wußtest du das nicht?« fragte er unbefangen und lächelte.

»Vielleicht doch«, murmelte ich, während ich nervös an meiner Tortilla nagte.

»Wir beide kennen uns schon«, versicherte mir Chon, als er sich vom Tisch erhob. »Du bist eine mutige Frau, Merilyn. Wenn du hier fertig bist, komm in die Behandlungshütte. Bis dahin werden einige Patienten dasein.« Er schlenderte gemächlich auf die kleinere der beiden Wohnhütten zu.

Es war unglaublich aufregend, Chons Behandlungen zu verfolgen. Die Hütte war von dichtem, duftenden Kopalharzrauch erfüllt. Er hatte einen Bund medizinischer Pflanzen nach dem anderen ausgepackt und benutzt. Die Patienten kamen herein, setzten sich ihm gegenüber auf einen Stuhl und zählten ihre Beschwerden auf. Chon saß still und betrachtete sie durch den Rauch, bis er »ihre Energie sah«. Die empfohlenen Behandlungen waren mannigfaltig. Einige Patienten wurden auf einen Holztisch gelegt, auf dem sich eine dicke Strohmatte befand. Dann wurden sie mit aromatischen Salben eingerieben, während Chon Zaubersprüche aufsagte. Andere gingen mit Kräutern und genauen Anweisungen davon, wie sie diese zuzubereiten und einzunehmen hätten, während wieder anderen auferlegt wurde, Bäder zu nehmen und/oder spezielle Speisen zu essen. Die Leute ließen Gegenstände da, die magische Kraft bekommen sollten, oder sie baten Chon, ihnen kleine Bündel zu schnüren, die sie bei sich tragen konnten. Ich sah auch, wie er Menschen Gegenstände zum Begraben gab, wie er angezündete Papierkerzen in die Ohren der Patienten führte, wie er Rauch über einige fächelte und Körnerlikör auf den Körper von wieder anderen spuckte.

Oft wurde ein anderer Teil von Chon, fast wie sein hypnotisches Selbst, bestimmend und erhob sich durch den Rauch, um leuchtende oder stumpfe Stellen in den Energiefeldern der Patienten zu berühren, die man durch die im Raum hängenden Kopalharzdämpfe als leuchtende, den Menschen umgebende Wolke deutlich erkennen konnte. Wenn das passierte, änderte sich Chons Atem und wurde sehr heftig, als pumpe man Luft in einen Fahrradreifen. Es war, als ob ein Körper aus ihm herauskäme, um seine Patienten zu heilen. Das ganze Phänomen wirkte äußerst würdevoll, exotisch und vollkommen verzaubernd.

Chon schien eine starke Wirkung auf Babys zu haben, und

viele Mütter kamen mit ihren kleinen Kindern, die nicht mehr tranken, viel schrien oder nicht richtig schliefen. Er gab den Säuglingen Klapse auf ihre Bäuche, aber sie schrien nie, sondern lächelten ihn statt dessen an. Dann massierte er ihre kleinen Körper und rieb ihre Handflächen, wobei er Maya-Gebete flüstere. Die Kleinen wirkten anschließend immer fröhlich und lebhaft, und die Mütter gingen entzückt und dankbar von dannen.

Die Bezahlung war unterschiedlich. Vor der Hütte stand ein zylindrischer Korb, in den die Leute Geldstücke warfen, oder sie ließen Früchte, Gemüse, Kerzen, Weihrauch oder Hühner da ... was sie besaßen und entbehren konnten. Die Länge der Behandlungen war ebenfalls unterschiedlich. Manche Mütter brachten ihre Kinder zu mehreren Untersuchungen, bis die Kleinen vollkommen gesund und geheilt waren.

Es gab eine ältere Frau, die nicht gehen konnte. Ihre Kinder trugen sie an jenem Nachmittag zu Chon, damit er sie behandelte. Sie wurde gebeten dazubleiben und teilte schließlich neun Tage lang mit mir die Behandlungshütte. Nachdem sie Massagen und Anweisungen erhalten hatte, konnte sie am dritten Tag ein wenig laufen, wenn sie sich am Arm ihrer Tochter festhielt. Am siebten Tag konnte sie sich ohne Stock halten und am neunten Tag trippelte sie ohne Hilfe langsam umher.

Die Leute standen tatsächlich Schlange für die Behandlungen, wie Chons Neffen es gesagt hatten. Am späten Nachmittag reichte die Schlange jeden Tag bis zum Restaurant hinunter. Wenn Esmeralda nur wenige Gäste hatte, brachte sie metallene Klappstühle, damit die Leute darauf sitzen konnten. Auch durften sie sich kaltes Wasser aus der Regentonne nehmen.

Durch all diese Aktivitäten lief Antojitos Mayas sehr gut. Es war auch bei Touristen beliebt, die nach etwas Unverfälschtem, Ursprünglichen und nach »echten Eingeborenen« suchten. Das Restaurant war von morgens um acht bis abends um zehn Uhr geöffnet, und die jungen Maya-Frauen arbeiteten den ganzen Tag mit unterschiedlich langen Pausen und drei Mahlzeiten. Esmeralda leitete das Ganze und kochte das Essen, kümmerte sich ebenfalls um alles, was das Haus betraf, und half bei ihrem Bruder aus, wenn es nötig war.

An diesem ersten Nachmittag brachte uns eine der jungen Frauen aus dem Restaurant wie auch an den folgenden Tagen das Essen zur Küchenhütte. Wir aßen Hühnchenlimonensuppe und rote und blaue Korn-*gorditas,* das sind Kornbrote in Form von fingerdicken Röllchen, die mit allen möglichen Zutaten wie Käse oder Gemüse gefüllt sind und mit einer Auswahl von Saucen serviert werden. Die verschiedenen Farben der Speisen waren äußerst appetitanregend.

Nach dem Mittagessen reckte sich Chon. Zweifellos war er durch seine anstrengende morgendliche Arbeit ermüdet. Er hatte sich nun ein hellblaues Hemd und eine frisch gebügelte weiße Baumwollhose angezogen, wie es in der Gegend üblich ist. Nun hantierte er an einem seiner Jadeohrringe herum. In seinen Ohrläppchen waren Löcher, so groß, daß ein dünner Strohhalm hindurchpaßte.

»Wo hast du die her? Sie sehen alt aus«, fragte ich nach den Ohrringen.

»Oh, ein Freund von mir fand sie auf einer Ausgrabungsstätte und gab sie mir als Bezahlung für eine Behandlung. Ich mußte mir Löcher in die Ohren machen, damit ich sie tragen konnte«, bemerkte er beiläufig. In einem ernsteren Ton sagte er zu mir: »Merilyn, ich möchte heute gerne früher Schluß machen, damit wir den Rest des Nachmittags die Ruinen erkunden können.«

»Das hört sich toll an, wenn du Zeit dafür hast«, sagte ich eifrig und fragte dann: »Wieviel nimmst du als Führer?«

Chon erschauderte regelrecht und sah mich mit unendlicher Geduld an. »Das hier hat nichts mit Geld zu tun. Ich dachte, du wüßtest das. Du kannst mich einladen und Dinge für mich tun, wann immer du willst, und genauso andersherum. Hier«, sagte er und reichte mir zaghaft einen flachen, dunkelgrünen Stein: »Das ist Jade. Jemand hat ihn in den Zahlkorb geworfen.«

Chon stand auf und ging die letzten seiner Patienten für diesen Tag behandeln. Ich lehnte mich in meinem Stuhl zurück und sah ihn gehen. Dabei dachte ich über sein außergewöhnliches Angebot nach. Mir den Jadestein zu geben, war eine besondere Geste gewesen. Ich hätte eigentlich nicht nur für die Führung durch die Ruinen bezahlen sollen, sondern auch für die seltenen Einblicke in seine Behandlungspraktiken, ein Gebiet, das mich inzwischen außerordentlich interessierte. All das wurde mir bedingungslos geschenkt. Ich fragte mich, welch seltsames Schicksal uns zusammengeführt hatte.


Später am Nachmittag setzte Chon eine Baseballkappe verkehrt herum auf, nahm seine Machete und sagte, es sei Zeit, zu den Ruinen aufzubrechen. Wir gingen auf den Dschungel hinter den Hütten zu. Chon schlug uns einen Weg durch den Dschungel und blieb dabei ungefähr hundertzwanzig Meter vor mir. Das tiefgrüne Blätterwerk griff nach uns und hüllte uns ein wie ein verzweifelter Liebhaber. Nach einer Weile kamen wir zu einem kalten, steinigen Strom. Die Vögel begrüßten uns mit einem Lied.

»Wenn wir stromabwärts gehen, erreichen wir die Ruinen hinter dem Tempel der Inschriften«, sagte Chon neben dem rauschenden, gurgelnden Strom stehend. »Geht man in die andere Richtung, kommt man zum Wasserfall. Dies ist das Wasser, das die alten Maya in ihr unterirdisches Abwassersystem leiteten.«

Wir stampften über den steinigen, grünen Boden auf die Stätte zu. Das neben uns fließende Wasser war kalt und blubberte. In mir entstand ein Gefühl der Zeitlosigkeit. Langsam erblickte ich eine Lücke im Dschungel, eine Lichtung und dann... den hinteren Teil einer monumentalen Sandsteinpyramide.

Ich fühlte mich plötzlich seltsam. »Chon!« rief ich, »Warte!« Meine Knie wurden plötzlich weich. Meine Beine fühlten sich an wie Gummi, was angesichts meiner hervorragenden körperlichen Verfassung seltsam war. Ich knickte praktisch zusammen und steckte meine Füße mit den Sandalen und allem instinktiv in den kalten Strom. Hypnotisiert starrte ich in das klare, fließende Wasser.

Chon kroch verstohlen zu mir zurück. »Schlaf hier nicht ein«, wisperte er geheimnisvoll. »Es ist Zeit zum Aufwachen.« Eine Grille begann laut zu singen. Er klopfte sanft auf meine Schulter, lächelte mit besorgtem Gesicht und nahm seine Kappe ab. Dann holte Chon von einem nahe stehenden Baum Tamarindensamen aus ihrer Kapsel und gab sie mir.

»Oh, mein Gott!« keuchte ich. »Es ist der Traum!« schrie ich, als ich die Samen auf meiner Handfläche hielt und zu Chon aufsah. Meine Augen füllten sich mit Tränen. Nun, zum ersten Mal, konnte ich ihn »sehen«. Obwohl er mittleren Alters war, trug sein Gesicht den Ausdruck überzeitlicher Erfahrung. Er hatte straffe, dunkle Haut und hohe, breite Wangenknochen. Seine lange, schmale Nase hatte nicht die klassische Adlerform, die man in den Gesichtern so vieler Maya sah, und doch sah ich ihn einen Moment lang in der traditionellen weißen Tunika vergangener Jahrhunderte vor mir stehen. Ich blickte weg, aber seine dunklen Augen bohrten sich mit liebevoller Intensität in mich hinein. Das war der Mann, von dem ich in der ersten Nacht geträumt hatte, die ich bei John Black Crow verbrachte. Mein Körper war vor Schock taub.

»Es ist in Ordnung. Komm!« sagte er sanft zu mir und reichte mir seine Hand.

Ich zögerte einen Augenblick, ich war nicht sicher, ob ich weitergehen wollte oder konnte, aber etwas in mir veränderte sich, und ich streckte ihm meine Hand entgegen. Leicht erhob ich mich in die Luft, als ließe ich die Schwere meines Körpers hinter mir am Ufer des Wassers. Wir gingen weiter, meine Hand lag sanft in der seinen, bis wir den Schatten des großen Tempels erreichten.

Blendendes Licht strahlte von den Gebäuden wider. Sie sprudelten vor überschäumender Energie im Sonnenlicht wie der Schwanz einer Klapperschlange. Der grellweiße Sandstein erhob sich in starren geometrischen Formen und warf das Licht vor dem dunkelgrün rauschenden Dschungel zurück. Riesige Trugbilder schwebten über dem Monumentalwerk architektonischer Perfektion. Sie türmten sich über uns und blickten böse auf uns herunter wie fleischgewordene Götter.

»Weißt du, wer hier begraben liegt?« fragte Chon und zeigte auf die hochragende, stufenförmige Pyramide, auf der ein rechteckiger Tempel stand.

»Der Tempel der Inschriften beherbergt die Überreste von

Ahau Pacal Votan«, spulte ich herunter, während ich in meinem schlafwandlerischen Zustand einen Hieroglyphen betrachtete. Vor meinem inneren Auge sah ich ein tiefes Grab und eine Totenmaske aus Jademosaik. »Er regierte im siebten Jahrhundert, der klassischen Zeit der Könige, bevor sich die Krieger in Chichen Itza erhoben.«

»Gut!« flüsterte Chon und berührte meine Stirn zwischen den Augenbrauen mit seinem Zeigefinger. Dann wies er auf einen kleineren Tempel mit einem hohen, gitterartigen Dachkamm auf einem entfernteren Hügel: »Und dort?«

»Befinden sich die Überreste seines Sohnes, Cham Balom«, sagte ich in einem Trancezustand und fügte hinzu: »Die bis jetzt aber noch nicht gefunden wurden.« Ich war von der Sicherheit, mit der ich meine Aussage hervorbrachte, überrascht; Archäologen vermuteten lediglich, daß Cham Balom dort begraben war.

Chon lächelte. »So ist es!« bestätigte er.

Er führte mich zu dem Palast gegenüber des Tempels. Ich starrte auf den hohen Wachturm. Wir schritten über eine niedrige, steinerne Türschwelle und konnten das Schlafgemach sehen. Irgendwie wußte ich, daß die Bettstatt mit Jaguarfellen bedeckt gewesen war. Abseits des Schlafgemachs erkannte ich ebenfalls den Dampfraum, ein tiefer gelegener Raum aus Stein zum Baden, mit einem U-förmigen Abtritt, beides verschönert durch Wasser, das darunter her floß.

Wir schlenderten in einen Innenhof des Palastes. An seinen vier Seiten befanden sich mehrere Stufen, jede Treppe führte hoch auf eine von Säulen gesäumte Plattform, die früher von einem Strohdach überspannt wurde. Der Palast war mir vertraut. Die Reliefs zeigten einen Edelmann mit einem kompletten Kopfschmuck aus Stroh und Federn, der im Schneidersitz auf einem der vier Ehrenplätze saß, während unten im Hof andere Edelmänner die Spitzen ihrer großen, stilisierten Penisse durchbohrten. Ich hatte fast vor Augen, wie er sie beobachtete, wenn er so elegant mit seinen langen, grünen Quetzal-Federn dasaß!

Chon setzte sich im Schneidersitz auf die nördliche Plattform und deutete mir, das gleiche auf der südlichen Plattform ihm gegenüber zu tun. »Dieses Ritual«, sagte er, den Reliefs zunickend, »diente dazu, Visionen heraufzubeschwören.« Er sprach laut genug, daß ich ihn über den Hof hinweg hören konnte. »Es gibt eine Sorte heiliger Pilze, die schon immer in dieser Gegend hier wuchsen. In der Nacht des Rituals wurde das Genital oder das Zungenfleisch mit Dornen durchbohrt oder mit einer Obsidianschneide aufgeschlitzt. Das heraustretende Blut wurde auf einem Papier aus Feigenrinde aufgefangen, die entstehenden Muster wurden gedeutet und dann verbrannt den Göttern dargeboten. In dem Moment wurden pulverisierte Pilze in die Wunde gedrückt und durch die Nase eingeatmet oder geraucht. Das frische Pilzfleisch wurde ebenfalls gegessen oder in einer Flüssigkeit getrunken, die aus Wasser und dem Blut der Teilnehmer gekocht worden war.«

»Welche Art von Visionen wurden hervorgerufen?« fragte ich vollkommen verzaubert.

»Ekstatische Visionen von Gottheiten und ihren Reichen und Mustern. Zeitvisionen des Gegenwärtigen, des Vergangenen und des Zukünftigen«, antwortete Chon düster. »Ich sammle noch immer die Pilze aus dieser Gegend und führe gelegentlich dieses alte Ritual durch.« Er hob sein Hemd und zeigte mir dünne Narben auf seinem Bauch, als entblöße er sein Herz. »Eines Tages, glaube ich, wirst du daran teilnehmen wollen.«

Die Aussicht war verlockend. »Gibt es hier einen Maya-Kalender?« fragte ich ihn plötzlich. »Vor einiger Zeit habe ich von einem Kalender geträumt, der im Wald nicht weit von diesen Ruinen entfernt war.« Ich sprach von dem steinernen Scheibenkalender aus meinem Traum, den ich in der ersten Nacht bei John Black Crow hatte. »Du ... ja, du warst es! Du hast die Tamarindensamen geworfen ...« Ich öffnete meine Tasche und holte die Samen heraus, die er mir zuvor gegeben hatte. »Du hast Tamarindensamen auf zwei der Zahlen geworfen.« Ich blinzelte verblüfft und starrte wieder auf die Samen. Ich fühlte mich, als fiele ich durch die Mitte der Erde.

»Es gibt drei Kalender und viele Berechnungen, aber sie sind nicht hier. Dafür bin ich es«, sagte Chon sanft. »Das eine ist ein ritueller Kalender, der auf dem 260-Tage-Zyklus des Fötus im Mutterleib basiert. Einer ist ein Jahreskalender, und mißt die Zeit in achtzehn Gruppen von jeweils zwanzig Tagen mit einer fünftägigen Reinigungsphase am Ende jedes Jahres. Der letzte Kalender ist ein prophetischer und läuft rückwärts vom Jahre 2012 nach Christus bis 3113 vor Christus.«

»Den meine ich!« rief ich aus und spürte, daß ich nicht nur etwas über ihn wußte, sondern eng mit seinen Weissagungen verbunden war.

»All diese Kalender wurden vor langer Zeit in Tikal gemacht, und der Jahreskalender wurde später in Xochicalco angeglichen«, fuhr Chon fort und sah mich über den Hof hinweg an. »Alle Kalender werden heute noch von den Maya benutzt. Es wurden auch Berechnungen mit den Venusphasen durchgeführt. Das ist das Licht am Himmel, das den Prophet Kukulkan darstellt. Sie reichen von der Zeit der Kalender über fünfzig Millionen Jahre zurück und zukünftig bis 2012.«

Ich hatte eine kurze Vision vom funkelnden, blauen Licht der Venus im Nachthimmel, das zu meinem rechten Auge wurde. »Warum hört der prophetische Kalender auf?« fragte ich. Da wurde mir auf unheimliche Weise klar, daß ich fast wörtlich die Frage aus meinem früheren Traum wiederholt hatte.

»Das ist der Teil des Geheimnisses, der mit dir zu tun hat. Das Geheimnis des Pilzrauches könnte dir helfen, es zu enträtseln«, sagte Chon.

»Habe ich eine Art prophetischen Traum gehabt?«

»Das könnte man so sagen. Du könntest aber auch sagen, daß du etwas gesehen oder erinnert hast.«

»Woher weiß ich, wann es Zeit ist, mit dir die Pilze zu probieren?«

»Das wirst du wissen, wenn du das dringende Bedürfnis verspürst, ganz zu verstehen, was mit dir vorgeht. Es wird sehr stark sein, stärker, als es jemals vorher war. Sogar stärker, als es jetzt in diesem Moment ist«, sagte er, während er gedankenversunken vor sich hin starrte.

Ich erzählte Chon die Geschichte von Richard Morrison und John Black Crow. Er hörte aufmerksam zu, während der Himmel zuerst scharlachrot und dann violett wurde. Zikaden und Nachvögel stimmten ihr Lied an. Es war Winter, daher war der Dschungel in der Dämmerung frisch und voller Düfte. Chons Augen waren zu Schlitzen geworden, die in die Weite des unbekannten Geheimnisses spähten. »Er ist sehr weise, dieser alte Indianer. Es hat mehr mit ihm auf sich, als man zuerst meint. Was deinen Freund betrifft, so bin ich einer Meinung mit dem, was John Black Crow über ihn sagte, nämlich daß er eine Brücke war, die dich hier hinführte.«

»Was wird mit mir geschehen, jetzt, wo ich hier bin?«

»Wunderbares. Ich habe dich gezählt«, erwiderte Chon feierlich. »Es ist besser, wenn sich deine Muster auf natürliche Weise entfalten und ich dich dabei begleite. Vertraue nur auf deine instinktive Kraft, immer das Richtige zu tun, auf die Absicht, die du mit in diese Welt bringst, und auf deine eigene unglaubliche Energie. Die Dinge werden geheimnisvoll auf ihren Höhepunkt zulaufen.« Chon senkte wieder seinen Kopf und schloß für einen Moment die Augen. Dann erhob er sich elegant aus seinem Schneidersitz und staubte sich ab. Er stieg zu den Büschen hinunter und trat in den Dschungel hinein.

Es war ziemlich dunkel geworden. Chon kam mit einer Fackel zurück, die er rasch aus einem dicken Ast und einigen trockenen Bananenblättern gemacht hatte. Das Licht der Flamme warf seltsame Schatten auf die Reliefs. Wir verließen den Palast und entfernten uns von der Stätte. Mit unseren Füßen traten wir auf die kleinen, feuchten Pflanzen, bis wir den Pfad erreicht hatten. Chon sagte, wir sollten besser den Bus nehmen, als nachts den Weg durch den Dschungel zu wählen. So würden wir auf keinen Jaguar treffen.

Als wir in der feuchten, blauschwarzen Nacht auf den Bus warteten, fragte ich ihn: »Was würde passieren, wenn ich jetzt versuchen würde zu rauchen?«

Er lächelte und strich über meinen Kopf: »Du würdest es noch nicht verstehen«, erwiderte er sanft. »Noch nicht ganz.«

# 5. Kapitel

Ich war gefesselt von Chons Praktiken des energetischen Heilens und blieb mehrere Jahre bei ihm, lernte und saugte soviel wie möglich in mich auf. Nach und nach begann Chon, mich auszubilden, dazu gehörten auch lange Gespräche über das, was er den *Dream Body* oder *Energy Body* nannte. Ich mußte neben ihm im Rauch sitzen und hindurchsehen. Er führte vor, wie man mittels einer besonderen Atemtechnik und durch die visuelle Kraft des »Dritten Auges« »Energie erzeugte« und wie man wie schwebend ging, um durch den spiralförmigen Rauch zu schreiten und Funken im Energiefeld oder in der Wolke der Patienten zu berühren. Chon sagte mir, daß ich auf diese Arbeit vorbereitet sei, da ich von Natur aus mit großen Energiereserven ausgestattet sei, daß deren Benutzung eine Form der Magie sei und ernst genommen werden mußte.

»Du hast schon einen *Energy Body* geschaffen. Du bewegst mit ihm Energie. Der Himmel weiß, wie du das gemacht hast. Vielleicht durch deinen Mut, vielleicht wurdest du auch so geboren«, sagt er eines Tages mit einer geheimnisvollen Stimme, nachdem er vorgeführt hatte, wie man das Energiefeld eines Patienten öffnet und wie eine Banane freilegt. »Die meisten Menschen müssen jahrelang hartnäckig üben, um Energie zu erreichen, sie aus etwas zu ziehen und zu bewegen. Dazu gehören Traumübungen, die für dich eine zweite Natur zu sein scheinen. Du verstehst alles intuitiv. Es ist, als würdest du das Zentrum des Alls erreichen. Das sollte der natürliche

Zustand allen menschlichen Bewußtseins sein, aber leider wurde er verdrängt. Selbst Energie direkt zu sehen ist den meisten Menschen unmöglich.

Sobald man Zugang zum *Energy Body* hat, führt man ihm nach und nach immer mehr Energie zu, indem man sozusagen die eigene körperliche Existenz, die eigenen Metaphern und Symbole, die Gefühle und das Bewußtsein verdampfen läßt und sie als Energie im kreativen Traum weiterleben läßt. Man schickt sie abstrahiert, konzentriert und alchemisiert eine Stufe höher und bläst ihnen den Funken ein. Das führt zu der Fähigkeit, mit dem Körper in reine Energie zu treten.

Die meisten Menschen möchten alles vom Kopf her verstehen, was die Möglichkeit ausschließt, daß sie das energetische Reich von Auflösung und Neuerschaffung jemals mit ihrer intakten Identität verlassen und das ewige Reich der Ganzheit und des Heilens betreten. Sie denken, daß sie eine Schwelle überschritten haben, eine Grenze durchbrochen, aber in Wirklichkeit haben sie ihren Geist erweitert, und dort verharren sie. Manche schwimmen sogar im Wahn. Es gibt Menschen, die alles visualisieren, aber nie den Körper nehmen. Deshalb ist ihr Wissen fast nutzlos, wenn es wirklich darauf ankommt. Diese Menschen verlieren im Tod fast alles, weil sie im Leben niemals Energie geworden sind.

Auf dich trifft das nicht zu. Ich muß dir sagen, was du nun zu tun hast. Es gibt vier Wege, alles oder fast alles erfolgreich in Energie zu verwandeln.« Chon setzte sich auf seinen Holzstuhl in der Behandlungshütte, ich saß ihm gegenüber vor der Strohwand. Ich hatte ihn nie zuvor so ernst gesehen. »Die ersten beiden Wege haben mit Bewußtseinsübertragung zu tun. Durch eine sonnenähnliche Explosion der eigenen Energie oder durch einen glänzenden Regenbogen wird das gesamte Bewußtsein zum *Dream Body* bewegt, sobald der geschaffen wurde. Diese Umwandlung läßt den physischen Körper als hohle, vollkommen leere Schale zurück. Das Sein bewohnt nun für immer den vergeistigten *Energy Body.*

Die anderen zwei Wege verwandeln oder verklären die Zellstruktur durch goldenes Feuer in Energie oder den aufsteigenden Regenbogen. Man nimmt alles und geht buchstäblich mit allem, was man hat, dem Körper und den ganzen Rest, in den Himmel. Man geht durch Feuer und Wasser. Das sind die vier alten Wege zur Unsterblichkeit. Alles andere sind Abfallprodukte. Oder sogar ein Abtauchen auf die Ebene des Todes oder ein Abschweifen in die gefrorene Zeit.

Hin und wieder«, fuhr Chon fort, während er wilde Yams-Wurzeln mit einer Machete auf einem Baumstumpf vor seinem Stuhl zerhackte, »werden Menschen zu dir kommen, um geheilt zu werden, die schon teilweise tot sind, ohne es selbst zu merken. Sie haben, oft durch den Einfluß von Zauberei oder durch ihre eigene Leichtgläubigkeit, im Geiste oder in Energie einen Zustand des Todes kennengelernt, oft in einem Bereich langsamer Vibration. Du wirst merken, wie du langsamer wirst, wenn du auf ihre Energie triffst. Die Zeit dehnt sich aus.«

Ich keuchte und hielt mir die Hand vor den Mund.

Er hörte mit dem Hacken auf und blickte mich mißgestimmt an. »Menschen, die heilen oder erwecken, müssen fähig sein, dem Tod gegenüberzutreten«, sagte er nüchtern. »Du wirst mit deinem Körper in die Energie eintreten. Ich möchte, daß du einen bestimmten Menschen kennenlernst. Sobald du ihn erblickst, wirst du verstehen, wovon ich spreche. Er ist einer dieser lebenden Toten. Vor vielen Jahren wurde er in San

Andres Tuxtla das Opfer einiger Hexen und Zauberer, er ist nun in einem unorganischen oder vor-organischen Reich mit Kräften gefangen, die übernatürliche Macht besitzen, aber nicht darüber hinaus können. Ich habe allein und dann mit anderen versucht, ihn dort herauszuziehen, aber bisher waren unsere Versuche erfolglos. Ich glaube, daß er dich mag, oder deine Energie mag. Vielleicht läßt er zu, daß du ihn zu dem rufst, was schon geschehen ist und daß er dir dorthin folgt. Das würde seine Heilung bedeuten.

Jedenfalls wird diese Art Heilung von tiefen, symbolischen Visionen begleitet, die du mit deiner visionären Fähigkeit aufnehmen kannst. Da du so viel natürliche Energie besitzt, wirst du bemerken, daß du körperlich in dieses andere Reich schlüpfst, bevor du ihn überhaupt siehst. Aber sobald dieser Kontakt besteht, sobald du da bist, wird dein Kopf nicht mehr normal arbeiten. Du wirst nicht mehr darüber nachdenken können, was du tust. Du wirst es einfach tun.« Chon machte eine spiralförmige Bewegung auf der linken Seite seines Kopfes und wollte damit wohl zeigen, daß die linke Gehirnhälfte ausgeschaltet würde. »Du wirst deinem angeborenen symbolischen Verstehen vertrauen und den Mut haben müssen, das zu tun, was auch immer notwendig ist. Es ist ein Vertrauensakt und braucht enormen Mut. Abgesehen davon, was es dich kostet. Aber es ist der einzige Weg, in diesen Reichen Energien zu bewegen.«

Ich war sehr besorgt und furchtbar durcheinander. Dies schien mir viel schwerer als das Heilen in der Hütte. Aber Chon versicherte mir, daß meine Fähigkeit zu träumen und seine Begleitung es möglich machen würden und daß diese nächste Stufe mich mit meiner Fähigkeit zum *cross-over* verbinden würde. Von Anfang an hatte mir Chon gesagt, ich solle die energetischen Praktiken der Menschen beobachten, die ich auf den Kräutermärkten in den Tuxtlas sah. Diese Gegend war voller fliegender Schatten und wirkte eingehüllt, einbalsamiert, wie tot. Die umgebenden Hügel lagen immer im Nebel.

»Ich muß dich jedoch warnen. Wenn du ein anorganisches Reich betrittst, wirst du merken, daß die dortigen Mächte in dieses Reich hinübergehen können. Einige werden versuchen, sich an dich zu hängen, um dir herauszufolgen. Es ist natürlich ein Ziel der Zauberei, diese Kräfte zu bearbeiten und sie zu ermutigen, sich zu zeigen. Heiler lernen notwendigerweise, mit ihnen zurechtzukommen.«

Chon spürte meine Erregung. Auf seinen Vorschlag hin gingen wir zum Strom unterhalb des Wasserfalls, so daß ich das Wasser sehen und versuchen konnte, einen energetischen Kontakt mit diesem vorher beschriebenen Menschen namens Coyol herzustellen. »Fühle, wie du auf den Wasserwegen der Unterwelt reist«, flüsterte Chon mir ins Ohr. »Laß das Wasser dich zu ihm treiben.«

Ich wußte, wenn Chon so besorgt war, dann mußte diese Aufgabe ziemlich furchterregend sein. Er schien sich große Sorgen um Coyol zu machen. Ich saß auf einem kalten, glitschigen Stein und versuchte, mich zu zentrieren, starrte auf das rauschende Wasser und wurde langsam von ihm hypnotisiert. Der Himmel war grau, und das Wasser hatte einen silbrigen Schimmer. Ich fühlte mich rauschen, zuerst als Blut in meinen Körper und dann übertrug ich mein Bewußtsein mit einem Energieblitz aus meinem Körper heraus ins Wasser und verzweigte in die Nebenflüsse und Gewässer der Erde. Nach einiger Zeit spürte ich einen Schock, als sich mein Bewußtsein sammelte. Ein Teil von mir starrte auf den Leichnam eines kleinen, stämmigen Mannes mit dunklem, welligem Haar, der mit dem Gesicht nach unten im Wasser trieb. Ich schrie verzweifelt auf und zog mich von dieser Vision zurück. Machtlos schüttelte ich den Kopf und dachte an Richard. »O nein, Chon!« Ich weinte, Tränen fielen auf meine Bluse. »O nein!«

Wir praktizierten »Eintrittsträumen«, wie Chon es nennt, bis wir San Andres erreichten. Dieses Träumen unterscheidet sich von John Black Crows Spiralenträumen, welches aus dem Ungeschaffenen entsteht, indem es in die umgekehrte Richtung verläuft. Es bohrt sich in das Reich der Energie, das mich in meinen *Dream Body* versetzte. *Der Bus nach San Andres Tuxtla ist klein und alt. Wir sitzen auf unbequemen Plätzen und sehen stundenlang auf die Straße, die sich durch die nebelige Hügellandschaft windet. Der Nebel ist eine Art Traumschranke, fast wie ein Schleier, der sich nicht hebt, Traumzauber. Als wir schließlich ankommen und aus dem Bus steigen, haben wir ihn hinter uns gelassen. Die Menschen auf dem Platz bewegen sich in ihren dunklen Kleidern lautlos, wie Schatten oder Geister. Ein leichter Regen fällt, tränengleich.*
*Chon besorgt uns ein Doppelzimmer in einer bescheidenen mexikanischen Pension. Am Abend sitzen wir im Innenhof und rösten Maiskolben und Yams auf einem kleinen Kohlengrill. Die Welt um uns herum scheint in Rauch aufgelöst zu sein, als ob sie nur dort existiert, wo wir uns konzentrieren. Wie Schlafwandler gehen wir zu unserem Zimmer und schlafen unter groben Dekken und bei schwachem Kerosinlicht ein.*
*Am Morgen holt Chon scheinbar aus dem Nichts eine schlichte Bluse und einen langen Rock hervor, wie sie die Frauen in dieser Gegend tragen. Der Rock ist aus einem rosa Baumwollstoff, der*

mit großen grünen Schmetterlingen bedruckt ist. Die Bluse ist von derselben rosa Farbe. Diese Kleidung kündet mir magisch von Verwandlung. Ich wasche mich in einem Wassereimer und flechte mein Haar, während Chon Tamales auf dem Grill röstet. Danach gehen wir langsam zum Marktplatz.

Chon muß mir Coyol gar nicht erst zeigen. Meine Augen fallen sofort auf ihn, als wir den Eingang zur Markthalle erreichen. Er ist vielleicht ein Meter sechzig groß und um die fünfzig Jahre, sehr robust und hat kurzes, dunkles, welliges Haar. Neben ihm steht eine alte Frau, die Früchte und Kräuter verkauft. Er hilft ihr, aber sie scheint ihn zurückzuhalten, als ob ihre »Schwere« auf ihm liegt, ihm das Leben unmöglich macht.

»Du nimmst schon intuitiv wahr. Guck nur zu und laß dich dabei treiben«, flüstert mir Chon ins Ohr, als wir ihnen gegenüber auf der anderen Straßenseite stehen. »Denk daran, du trittst in seine Energie ein, das ist ein langsamer vibrierendes Reich. Es ist Energie und nicht das Reich des täglichen Lebens, ganz egal, wie es erscheinen mag. Vertraue auf dein Einfühlungsvermögen, und laß dich von ihm zu ihnen ziehen. Denk daran, dein Verstand wird hier nicht arbeiten, nur deine Symbole, Taten und Gefühle. Vielleicht kannst du am Anfang nicht einmal sprechen. Handle intuitiv, aber zu einem höheren Zweck.«

Ich beobachte, daß die ältere Frau Coyol wie einen Sklaven behandelt, fast als sei er zurückgeblieben, sie beutet ihn aus. Sein schwerer Körper schleppt sich unter den Kisten dahin, die er für sie trägt. In dem Augenblick kommt Esmeralda mit ungefähr sieben kleinen Kindern, die hinter ihr her laufen, um die Ecke! Ungläubig schüttele ich den Kopf. Was macht Esmeralda hier? Chon liest meine Gedanken. »Sie macht dasselbe wie du. Sieh ihrem Zauber zu!« sagt er mit offener Bewunderung.

»Auch sie kann fast alles mitnehmen. Guck dir im Gegensatz zu ihr Coyol an. In der ersten Welt, also in der normalen Wirklichkeit, ist er sehr clever und hat große Macht und Einfluß. Aber nichts davon läßt sich mit in dieses Reich bringen – es ist zu geisthaltig, zu materiell. Hier ist er nur ein Schatten seiner selbst!«

Ich merke, daß ich keinen echten Gedanken fassen kann, mental nicht auf diese Szene reagieren kann. Ich kann nur Esmeralda zusehen. Die kleinen Kinder rufen nun Coyol. »Caballo [Pferd]! Caballo!« Sie hüpfen vor Freude. »Caballo! Caballo!« Er wirbelt herum und grinst sie an, und sie springen um ihn herum und wollen auf seinen Rücken steigen. Ihr Gelächter klingt wie die fröhliche Musik am Ufer des Wassers. Esmeralda läßt die Kinder eine Spirale um Coyol bilden. Dann gehen sie auf den Markt, und es entsteht eine kleine Rauchwolke, als sie und die Kinder durch die schattige Öffnung verschwinden. Diese Szene entwirrt sich wie ein Traum! Ich schüttele wieder den Kopf und versuche zu glauben, was ich gerade gesehen habe.

Die alte Frau versucht, »Caballo« wieder zur Arbeit zu bewegen, aber er hat mich auf der anderen Straßenseite mit Chon entdeckt und rührt sich nicht von der Stelle. Chon bittet mich, die Energieschwelle zwischen uns und Coyol zu überwinden, und verschwindet dann um die Ecke. Ich bin alleine in diesem Abenteuer. Ich schlucke den Kloß in meinem Hals herunter und gehe einige Schritte auf Coyol zu. Ich fühle eine starke Macht, fast wie die Erdanziehungskraft, die mich durch eine Art Strudel zu einem schwereren, langsameren, dunkleren Ort zieht. Chon hat recht. Diese Welt ist nicht so, wie sie auf den ersten Blick erscheint.

Bei meinem Eintreten starrt mich Coyol zuerst keck an. Dann wendet er sich ab und beobachtet mich aus den Augenwinkeln, als ich die Straße überquere und auf einen Glaskasten mit

*handgenähter Spitze zugehe, der sich auf dem Markt zur Rech-*
*ten der alten Frau befindet. Als ich mich umdrehe, um zu ihm*
*zurückzusehen, ist er herübergekommen und steht genau hinter*
*mir, sein stierendes Gesicht berührt fast meines.*
*Ich atme tief ein. Ich habe die Schwelle zwischen Leben und Tod*
*überschritten. Coyols Gesicht ist traurig und gleichzeitig neu-*
*gierig. Seine Augen sind wäßrig und trübbraun, aber in ihnen*
*ist ein seltsames, silbernes Licht, besonders im linken. Die alte*
*Frau stößt ihn in die Rippen und drängelt ihn beiseite. »So ein*
*hübsches junges Mädchen!« Sie trägt einen schwarz-grauen*
*Rebozo über Kopf und Schultern und ist ansonsten in Schwarz*
*gekleidet. Sie ist ein bißchen größer als Coyol und hat ein falti-*
*ges, wettergegerbtes Gesicht.*
*Ich schrecke zurück. Einen Augenblick lang bin ich stumm. Von*
*dieser alten Frau geht eine schwere, schlafähnliche Energie aus.*
*Sie ist offensichtlich eine mächtige Hexe.*
*»Möchtest du ein paar von meinen Früchten und Kräutern kau-*
*fen? Ich habe viele schöne Sachen für ein hübsches Mädchen wie*
*dich.« Sie zeigt mit ihrer trockenen Hand auf eine stattliche Aus-*
*wahl tropischer Früchte. Die schönste ist die glänzende, violette*
*Zapote, die nach der Füllung eines Pekannußkuchens schmeckt.*
*In Zeitlupe schüttele ich den Kopf. Nur zu antworten, bedarf*
*einer großen Anstrengung meinerseits. »Ich bin mit dem Mann*
*dort drüben hier.« Ich zeige auf Chon, der wieder auf der ande-*
*ren Straßenseite aufgetaucht ist und mich sorgsam beobachtet.*
*»Er hat mir gesagt, ich solle nichts kaufen«, sage ich so unschul-*
*dig wie ein Kind.*
*Die alte Frau merkt, daß sie erkannt wurde, und ist zuerst ver-*
*ärgert, dann gedemütigt. »Junge Mädchen wie du sollten von*
*einer alten Frau wie mir lernen.« Sie wirft mir einen verführeri-*
*schen Blick zu.*

»Bei allem Respekt«, erwidere ich, nun stärker werdend, »ich bin sicher, daß es viel gibt, das ich von dir lernen könnte, aber wir werden nur sehr kurz hier sein.« Chon lächelt mir von der anderen Straßenseite zu und betritt dann ein Geschäft.

Die alte Frau guckt erstaunt. »Ich werde dir nicht weh tun. Du bist zu stark. Aber du könntest viel von mir lernen. Warum denkst du nicht darüber nach? Wir könnten ein paar gute Geschäfte machen.« Sie schlendert zurück zu ihrem Früchtestand und setzt sich.

Ich sehe meine Chance. »Ich werde darüber nachdenken, wenn du mir deinen Helfer für kurze Zeit borgst.«

Ihre Augen flackern, und dann wirft sie einen bösen Blick auf Coyol, als wäre er ein dummes Tier. »Ihn? Oh, der wird dir nichts nützen, aber ich lass' ihn mit dir über den Markt gehen, wenn du versprichst, ihn zurückzubringen.«

Ich nicke. Coyol und ich gehen durch den dunklen Eingang der Markthalle. Er deutet auf einen Verkäufer, der frische Limonade in einem großen Glaskrug, garafón genannt, anbietet. Nervös fischt Coyol in seinen Hosentaschen nach Kleingeld. Er möchte mir ein Glas kaufen. Ich nehme sein Angebot an, und stolz reicht er mir die Limonade, während er auch eine für sich bestellt. Wir lehnen uns zum Trinken gegen die dunkle Wand. Die ganze Zeit macht er mir schöne Augen.

Ein dunkelhäutiger junger Typ von ungefähr zwanzig Jahren geht an uns vorbei und blickt mich lüstern an. Coyol läßt wie zufällig ein Bein stehen und bringt den Mann zu Fall, der in seiner Verlegenheit den Raubtier-Gesichtsausdruck verliert. Ich lächle über das unterdrückte Feixen auf Coyols Gesicht.

»Woher kenne ich dich?« fragt er mit einer weder hohen noch tiefen Stimme.

Ich antworte mit einem flehenden Blick, erinnere mich, wie ich ihn tot in den »geistigen Wassern« treiben sah.

»Ich meine es ernst!« beharrt er nachdrücklich.

»Ich habe dich tot gesehen«, sage ich schließlich.

Verwirrt und schockiert schüttelt er den Kopf. »Ach!« sagt er.

Mit gerunzelter Stirn bringt Caballo unsere Gläser zurück und deutet mir besorgt, ihm heimlich durch einen Seiteneingang der Markthalle eine schmale Straße hinunter zu folgen. Ich gehe den ganzen Weg hinter ihm, er läuft sehr schnell. Als wir an seiner Unterkunft ankommen, bin ich entsetzt. Ein verschlossenes Tor versperrt eine enge, staubige Gasse. Allein in dem Schmutz steht eine kleine Zementkonstruktion, nicht größer als ein etwas größeres Toilettenhaus mit einem Dach. Ein Wirbelwind fegt leere Blätter in einer Spirale über die kleine Zelle hinweg und drum herum.

Wir gehen hinein. Es gibt keine Möbel, es ist auch kein Platz dafür. Nur eine Matratze und einige große Plastikkrüge in einer Ecke, die randvoll mit Münzen sind. Draußen ist ein Wasserhahn. Coyol steht im Dunkeln in der geschlossenen niedrigen Holztür.

»Kann ich dich sehen?« fragt er und meint meinen nackten Körper, er macht nämlich entkleidende Handbewegungen.

Ich fühle mit ihm. Sein Leben hier ist so traurig, und seine ausweglose Situation ist ihm kaum klar. Auf meine intuitiven Kräfte vertrauend, spüre ich, daß der einzige Weg, ihm den Unterschied zwischen dem wirklichen Leben und seinem Todesschlaf zu zeigen, darin besteht, seiner Bitte nachzukommen und ihm meinen Körper zu zeigen. Ich entkleide mich anmutig und stehe nackt vor ihm. Ein zischendes Geräusch entfährt seinen Lippen, als er mich aus der Dunkelheit heraus betrachtet.

Jetzt weist er mich an, mich auf die Matratze zu legen. Ich tue es, ohne zu zögern, fließe im Gefühl der richtigen Reaktion. Er zieht sich aus, sein brauner Körper ist recht schön, er hat volle, gerundete Muskeln und Pobacken. Er legt sich neben mich, ich auf meiner linken, er auf seiner rechten Seite. Wir sehen einander nur an. Dann rückt er näher, so daß wir uns fast am ganzen Körper berühren.

»Ich bin tot?« fragt er mich jämmerlich.

»Ja«, sage ich ihm düster, voller Sehnsucht nach seinem verlorenen Leben, nach ihm.

»Sie haben mir gesagt, daß du kommst. Kannst du nichts fühlen?« fragt er und meint sich selbst.

»Ja, ich spüre dich«, sage ich. »Du bedeutest mir etwas. Komm mit mir.«

»Wohin?« fragt er und schaut verzweifelt.

»Nach draußen, weg von hier«, sage ich und mache eine raumgreifende Geste.

»Bitte nicht. Bleib hier bei mir«, fleht er mich an und hält mich fest.

Es zerbricht mir das Herz. Ich halte ein verängstigtes Wesen in meinen Armen. Er versteht nicht, daß ich ihn liebe und daß er mir blind vertrauen kann. Warum hege ich solche Gefühle für ihn? Ich denke nicht darüber nach, spüre sie nur deutlich. Vielleicht liebt ihn das Universum durch mich und erlöst sich somit zu einem kleinen Teil. Ich verspüre alles über ihn, daß er sich selbst häßlich findet, obwohl er für mich in diesem Moment der schönste Mann überhaupt ist. Er empfindet sich auch als dumm, kraftlos und unvollständig, das ist ein ihm aufgedrängter Schmerz. Sein Verstand und sein Geist sind wach, fast brillant, fühle ich. Mein ganzer Körper sehnt sich nach ihm, besonders mein Herz, das heftig klopft und aus meiner Brust springen möchte. Ich fange an zu weinen.

»Weine nicht um mich«, sagt er sanft.

»Bitte, komm bitte mit mir«, bettele ich ihn an.

»Das werde ich nie schaffen«, murmelt er und schüttelt traurig den Kopf.

Ich verzweifle langsam. »Bitte, du kannst nicht hierbleiben«, flehe ich und sehe, wie sich im ganzen Raum wirbelnde Schatten bilden. »Du mußt kommen!«

»Ich kann nicht«, gesteht er so düster wie der Tod selbst.

»Dann komme ich zu dir zurück. Ich verspreche es! Ich schwöre es! Ich komme zurück! Aber du mußt wieder zum Marktplatz gehen. Ich kann dich nicht hier bei diesen fliegenden Schatten lassen.«

»Das sind die Mächte, die die Hexen und Zauberer benutzen, um diesen Ort zu kontrollieren«, sagt er verstohlen, als weiche er fliegenden Fledermäusen aus.

Pflichtschuldig sehen Coyol und ich uns an, und ich gehe mit ihm die kleine Straße hinunter zurück zur alten Frau auf dem Markt. Er begibt sich wieder in ihren Dienst, fast als sei er ein Zombie, beobachtet mich jedoch aus den Augenwinkeln, und ich spüre sein Verlangen. Genau in dem Moment kommt einer der Schatten auf mich zu und gerinnt plötzlich vor meinen Augen zu einem kleinen, weißhaarigen Mann. Ich sehe, daß er energetisch kein Mensch ist, sondern einer der anorganischen oder vororganischen Mächte, von denen mir Chon erzählte.

»Was machst du jetzt?« fragt er mich.

Ich schüttele den Kopf und zucke verwirrt mit den Schultern. Der Schatten deutet mir, ihn leicht an der Hand zu berühren, und als ich das tue, drehen wir uns langsam, verlieren die Spur unserer körperlichen Position, bis ich mit Chon an der Bushaltestelle stehe.

Wie hypnotisiert gehe ich auf Chon zu. Er macht eine spiralförmige Bewegung mit seinen Armen und zeigt auf etwas, das nicht weit entfernt von mir ist. Aus einem Bus steigt ein spinnenartiger kleiner Mann mit gräulichweißem Haar und einem traurigen Gesicht. Ich muß zweimal hinschauen und sehe ihm tief in die Augen. Mein Gott! Es ist Coyol! Alt, traurig und ernst. Verloren, ausgepumpt und allein.

Ich laufe, ohne nachzudenken, davon, renne zum Markt. Mein Herz klopft, mein Atem keucht. Ich stürze, und es beginnt zu regnen. Es regnet, Merilyn, sage ich mir. Es regnet! Nein! Nein! Ich gelange an eine schmutzige Ecke des Marktplatzes und sehe Coyol dort stehen, noch immer jung, aber wir sind durch die Energieschwelle getrennt. Es ist, als sähe man durch eine Schicht von Wasser oder durch dickes Fensterglas. Alle Farben beginnen zu zerlaufen. Blaue und grüne Tropfen, tropfengroße Erdkugeln, wie aus dem Weltraum betrachtet. Er kauert sich vor das alte Gemäuer, ungeschützt, allein, auf der anderen Seite der Schwelle, um seinen zerzausten Kopf vor dem Wasser zu schützen. Chon kommt aus dem Nichts und berührt sanft meine Schulter. Es ist Zeit zu gehen. Coyol ist nicht herausgekommen.

# 6. Kapitel

*In diesem verletzlichen Zustand bringt mich Chon zur Bushaltestelle zurück und erklärt mir, daß ich noch immer in meinem* Dream Body *bin. Er verrät, daß es tatsächlich Esmeralda auf dem Markt war, deren Taten ich zusah. Sie und er befanden sich ebenfalls in ihren* Dream Bodies *und sind es noch immer. Er teilt mir mit, daß Esmeralda nicht seine Schwester, sondern seine Kollegin ist. Sie alle, auch seine drei Neffen – die in Wirklichkeit seine Schüler sind – stehen mit einer Gruppe von Zauberern in Verbindung, die von John Black Crow geführt wird. Auf jeden Fall sind Tiofilo und Ignacio noch nicht so weit fortgeschritten und deshalb bei Eligio in Palenque geblieben, um weiter ihrer Pflicht nachzugehen, medizinische Pflanzen zu sammeln und zuzubereiten.*

*Wäre Chon nicht so außerordentlich nett zu mir, würde ich ihm nicht voll und ganz vertrauen. Ich möchte von dort weglaufen wie eine kreischende Verrückte. Ich sitze in der Ecke auf einer Holzbank und zittere und wimmere.*

*»Ich weiß, es sieht aus, als hätten wir dich reingelegt.« Chon beruhigt mich, indem er mein Haar streichelt. »Aber es ist nicht einfach, Menschen in die Welt der Zauberer zu locken.«*

*»Ihr beiden habt Richard mit eurem Zauber doch nicht umgebracht?« schreie ich entsetzt.*

*»Nein, das würden wir nicht tun, obwohl es welche gibt, die es trotzdem machen. Man könnte sagen, daß er sich für dich opferte, damit du dein Schicksal erfüllen kannst. Du wirst etwas Besonderes tun, Merilyn, und es fängt jetzt an.«*

*Chon sagt mir, daß John Black Crow schon in das Reich höherer energetischer Vibration gegangen ist, ein Reich reiner Ganzheit und Heilung, und daß er auf der anderen Seite einer zweiten energetischen Schwelle auf uns warten wird.* »Das ist der Ort, an den wir Coyol zu bringen versucht haben«, erklärt er. »Wenn du ihn herausbekommen hättest, hätte ich euch beide weitergeführt.« *Er beginnt, diesen Vorgang namens* Crossing over *und dessen Zweck zu erklären.*

»Wir werden eine weitere Schwelle überschreiten wie die, die du zwischen dir und Coyol auf dem Markt bemerkt hast. Bloß wird diese zu einer höheren Vibration führen. Wir öffnen den Weg für andere, vielleicht für viele, die nach uns kommen werden. Wir werden zu einem See gehen in der Nähe des Dorfes Catemaco – das ist der Ausgangspunkt. Zusammen werden wir ins Spiralträumen treten und nacheinander aufs Wasser zugehen. Es wird ein glänzender Strudel erscheinen, durch den hindurch wir auf das Wasser zulaufen, als ob wir auf dem Wasser wandeln, auf Energie wandeln. Wir werden nicht die ersten sein, die in diesen Zustand hinübergegangen sind. Viele alte Wesen aus diesem Land sind von der gleichen Stelle aus aufgebrochen.«

*Ich spüre, daß dieses immer schon mein Schicksal gewesen ist, seit meiner ersten Vision von John Black Crow als Kind, daß ich nicht zu dieser Welt gehöre, sondern zu ihnen auf die andere Seite. Ich fühle, daß dieses der Anfang vom Ende des Todes ist.*

»Was ist mit Coyol?« *klage ich mit Tränen in den Augen.*

*Chons Gesicht zerbricht wie ein alter Tontopf.* »Wir haben ihn nicht befreien können; er hat nicht genügend Energie, um uns zu folgen, zumindestens jetzt nicht.« *Auch in seine Augen treten Tränen. Für einen Augenblick sieht er zur Seite.*

»Was wird das für ein Strudel sein?« *frage ich ihn und versuche,* den erdrückenden Schmerz darüber zu überwinden, daß wir Coyol zurücklassen mußten.

»Er wird schimmern. Wenn du hinübertrittst, beginnst du, dich aufzulösen. Es ist schwer zu sagen, was danach passiert. Vertraue einfach der Kraft.« Er spricht immer noch mit abgewandtem Kopf. Seine Schultern zittern ein wenig.

»Ich finde, es gibt immer noch so viel, das ich nicht weiß«, beklage ich mich über meine Unerfahrenheit.

»Das stimmt«, bemerkt Chon nüchtern. »Aber dieses Hinübergehen muß sein, es ist notwenig für dich und andere und es muß jetzt geschehen. Mach dir keine Gedanken, du hast eine angeborene Begabung dafür.«

»Werde ich Richard sehen?« frage ich naiv.

»Nein. Du wirst andere Wesen sehen, die Alten, die vor uns hinübergegangen sind.«

Während der Busfahrt ins nahe gelegene Catemaco tauche ich in meine Gefühle über diese außerordentliche Entwicklung ein. In Catemaco mieten wir uns wieder Zimmer und bleiben dort scheinbar einige Wochen, aber soweit ich weiß, könnten es in der ersten Welt Äonen sein. Wir träumen den Spiraleintritt und die Traumspirale, die mir John Black Crow zeigte. Catemaco selbst ist eher eine Traumwelt als eine wirkliche Stadt. Es ist nur eine Insel der Illusion in der Unermeßlichkeit, noch weniger faßbar als San Andres.

Irgendwann erblicken Chon und ich zwei alte Wesen, die die indianische Kleidung dieser Bergregion tragen, jedoch aus buntem Satin. Sie fahren mit einem Kanu über die verzauberte Lagune und steigen aus, um über den Markt am See zu spazieren. Nun erscheinen kleine Energiewellen auf dem See.

Die zwei Eingeborenen, ein Mann, der um die fünfzig zu sein scheint, mit schulterlangem, schwarzen Haar, das er hinter den

*Ohren trägt, so daß ein Ohrring zu sehen ist, und eine Frau mit grauen Zöpfen und einem festlichen rosa Satinkleid, beginnen, goldener zu glühen. Nun drehen sie sich um und sehen uns von einem Stand mit Bändern an. Eine Brise weht durch die bunten Bänder.*

*Langsam gehen Chon und ich auf das Ufer des Sees zu. Ich fühle, wie sich in der Luft vor mir buchstäblich ein Spalt auftut. Es ist vollkommen still. Meine Ohren spüren nicht einmal die Taubheit. Nun sehe ich, daß Wesen aus einer anderen Welt durch den Spalt, über den See, in weiteren weißen und goldenen Kanus kommen. Chon sagt mir, daß dies ältere Zauberer seien, die schon hinübergegangen sind, und daß einige von ihnen seine Mentoren waren.*

*Chon tritt auf das Wasser zu. Die Zeit scheint stillzustehen. Ich beobachte, daß die Menschen um uns herum langsamer werden, als seien sie im Augenblick festgefroren. Ich bemerke, daß sie nicht sehen können, was hier vor sich geht. Chon läuft voran und verschwindet. Er schimmert und löst sich vor meinen Augen wie in Wasser auf. Dann kommt Esmeralda aus dem Nichts herbei, geht über den See und hält dabei eine alte Frau an der Hand. Beide werden mit jedem Schritt jünger und schöner. Esmeraldas Zöpfe reichen bis zum Boden. Die Frauen gehen an mir vorbei, und ich höre ein Geräusch, als ob Esmeralda ihren allerersten Atemzug macht.*

*Ich mache einen Schritt und betrete den atemlosen Zustand der Ewigkeit. Meine Füße lösen sich langsam auf, als ginge ich über das Wasser. Alles glitzert. Die Alten, die alle die Zeichen ihrer eigenen Energie tragen, stehen schweigend wie Wachen an der Seite, um uns willkommen zu heißen. Energie fließt wie ein Strom aus dem Spalt. Ich spüre unbekannte Wesen aus anderen Dimensionen hinter mir. Sie kommen hinter mir hinüber. Dann denke ich daran,* daß Coyol zurückgelassen wurde, und mein Herz schmerzt. Plötzlich spürte ich einen großen Sprung, eine riesige Träne wie einen Abgrund hinter mir. Eine dunkle Kraft hängt sich durch meine Gefühle für ihn an mich und beginnt, mich zurückzusaugen!

Ich sehe John Black Crow. Er steht über einem anderen Abgrund, der sich vor mir aufgetan hat. Dort blitzt es, und ein gewaltiger Wind heult hinter ihm. Der Rand dieses Abgrunds wird wie eine Klippe von einem unheimlichen, weißen Licht erleuchtet, das lange Schatten in die tiefe Felsspalte wirft.

»Versuch es noch einmal, Merilyn.« Eine Seilbrücke erscheint über dem Spalt. »Los, oder du mußt zurückkehren«, heult seine Stimme im Wind.

»Ich kann nicht!« jammere ich. »Was passiert mit mir?«

»Du wirst zurückgezogen«, schreit er.

»Warum? Ich kann nicht hinüberkommen, John!«

»Ein Teil von dir ist schon hier. Du mußt!« schreit John Black Crow.

»Ich kann nicht! Was ist mit Coyol?«

»Dann spring hinunter«, stöhnt er. »Ich werde dich nicht verlieren! Du bist belastet worden! Spring in den Abgrund, und ich folge dir!«

»Was wird passieren?« rufe ich.

»Wir werden in einem niederen Reich wandern, bis wir einen Weg heraus finden.«

Ich habe keine Wahl. Ich kann weder vor noch zurück. Ich schreite über den Rand des Abgrunds und stürze mit den Füßen voran in absolute Dunkelheit. Es fühlt sich wie eine Ewigkeit an. Dann springt John hinter mir her. Ich weiß nicht, wie lange es dauert, aber schließlich tauche ich doch wieder auf.

Als ich zurückkomme, finde ich mich allein in unserem Hotelzimmer in Catemacon wieder, John Black Crow, Chon und

*Esmeralda sind nirgendwo zu finden. Mein Reisepaß liegt nicht mehr auf der Kommode, meine gesamte Kleidung ist weg, außer der, die ich am Leib trage. Sogar meine Füße sind nackt!*

*Ich wage mich nach draußen auf die Straße und wandere herum wie ein Phantom, hungrig und verloren. Ich bin vollkommen zergliedert. Ich habe keine wirkliche Kontrolle über meinen Körper; allein, geradeaus zu gehen, ist ein Kraftakt für mich. Ich versuche zu sprechen, aber zunächst können die Leute mich nicht hören. Es ist, als sei ich ein Geist für sie. Ich frage mich, wohin Chon und Esmeralda gegangen sind. Chon hat dieses Reich offensichtlich verlassen und mich hier allein zurückgelassen! Wird er jemals wiederkommen, und wie soll ich ihn finden, wenn er kommt? Ich weine, aber niemand merkt es. Ich bettle um Geld für die kurze Busfahrt nach San Andres. Ich will dort Coyol suchen. Er ist bestimmt noch da.*

*Als ich in San Andres ankomme und zum Markt gehe, finde ich Coyol dort nicht. Wieviel Zeit ist vergangen? Jahre? Wie ein räuberisches Raumschiff kommt eine dunkle, schwere Energie auf mich herunter. Ein riesiger Schatten verwandelt sich in einen großen Mann mit lockigem, braunen Haar, der eine braune Hose und ein Hemd trägt. Er erscheint, geht durch den Rauch eines Eingangs und macht schnelle, spiralenförmige Bewegungen mit seinen Armen. Mit übertriebener Strenge weist er mich an, mich vor dem Marktgebäude auf den Boden zu setzen. Er setzt sich neben mich. Wir sitzen praktisch in der Gosse.*

*»Wo ist der Mann, den die Kinder Caballo nennen?« frage ich, weine und wische mir übers Gesicht. »Man hat mir gesagt, daß er jeden Tag vor dem Markt arbeitet.«*

*Der Mann sieht mich eindringlich an. Aus irgendeinem Grund kann ich seine Gesichtszüge nicht klar erkennen. »Er ist nicht hier! Er ist zurückgegangen«, sagt er grimmig.*

»*Zurückgegangen?*« *kreische ich und blicke wild um mich.*

»*Du mußt auch zurückgehen!*« *schreit er mich an.*

»*Zurück wohin? Und wie?*« *frage ich ihn flehend.*

»*Geh! Geh! Geh!*« *Schreit er und hämmert mit der Faust aufs Knie.* »*Du bist hier in Gefahr! Wo kommst du her?*«

»*Ich weiß nicht! Ich weiß nicht!*« *jammere ich. Er steht auf und verschwindet im Rauch, als er durch den dunklen Eingang zurückgeht. Ich erhebe mich, als sich der Rauch auflöst, und sehe mich auf dem Marktplatz um. Hat mich seine Energie verändert, oder hat sich die Welt verändert? Sie scheint... stofflicher. Die Nacht bricht herein, aber ich habe keinen Platz zum Schlafen. Ich kauere mich im Dunkeln vor die Markthalle und frage mich, ob ich hier für immer gefangen bin, ein umherirrender Geist in einer niederen Welt.*

Nachdem die Sonne aufgegangen ist, suche ich die Straßen wieder nach Coyol ab. Mein Rock und meine Bluse sind schmutzig, weil ich die Nacht auf der Straße verbracht habe. Als die Straßenverkäufer ihre Waren ausbreiten, laufe ich die Stände ab und frage nach Arbeit: bei den Ständen mit Blumen und medizinischen Kräutern, bei den Schuhverkäufern, den Kleiderständen, bei allen möglichen. Ich biete meine Dienste einer Essensverkäuferin an, die gerade das Frühstück bereitet, aber entweder kann sie mich nicht richtig hören oder sie nimmt mich nicht ernst. Ich versuche andere zu überzeugen, wie verzweifelt ich eine Arbeit brauche. Ich sage ihnen, daß ich ohne Geld allein gelassen wurde und eine Busfahrkarte an die mexikanische Grenze brauche. Ich sage ihnen, daß ich alles tun würde, solange es ehrliche Arbeit ist, um das Geld für den Fahrschein zusammenzubekommen.

Niemand scheint mich zu verstehen, und ich bin sehr entmutigt. Ich frage mich, ob ich jemals zurück zu meiner Familie gelangen werde. Wenn ich versuchen würde, sie anzurufen, wären sie dann überhaupt da? Was würden sie sagen? Ich suche nach einem öffentlichen Telefon. Das einzige in dieser Stadt steht an einer Ecke des Marktplatzes, aber es funktioniert nicht. Ich denke an Coyols mißliche Lage und fühle mich noch verlorener. Aber anders als er habe ich vielleicht noch eine Chance.

Niedergeschlagen gehe ich vom Marktplatz eine Seitenstraße hinunter. Ich versuche, mich zu erinnern, wo sich Coyols Unterkunft befand, versuche, mich an die Schritte des Tages zu erinnern, an dem ich ihm dorthin folgte. Als ich um die Ecke in eine kleine Straße biege, stoße ich auf jemanden, der vor einem nicht vorhandenen Publikum eine Vorstellung gibt. Ich habe ein ungutes Gefühl bezüglich dieses Mannes, lasse es aber vorbeigehen.

Coyols Behausung ist viel weiter die Straße herunter, als ich mich erinnern kann. Die schmale, staubige Durchfahrtstraße zieht sich ganz schön hin. Ich beschließe weiterzulaufen, obwohl mich das ungute Gefühl nicht verläßt. Ich komme an eine Straßenecke und erspähe zwischen zwei alten Gebäuden das vergitterte Tor, das zu seiner Wohnung führt. Als ich die Straße überquere, sehe ich einen kräftigen Arbeiter mit struppigem, schwarzen Haar, der hinter einem Gebäude hervorkommt. Er hat dunkle Haut und trägt eine schmutzige, braune Hose, ein ausgebleichtes Baumwollhemd und einen Strohhut. Er scheint ein Mestize zu sein. Trotzdem sieht er verloren aus, nicht in seinem Element, als sei ihm das Stadtleben fremd. Er wirkt außerdem betrunken und schwankt beim Gehen. Sein Verhalten macht mir noch mehr Bedenken, aber ich spüre seinen Schmerz und bin bewegt. Ich gehe auf ihn zu, um nach Coyol zu fragen. Als ich näher komme, spüre

99

ich einen dunklen Schatten um ihn. Er stolpert durch das vergitterte Tor in die Gasse.

»Kennen Sie den Mann, der dort hinten wohnt?« rufe ich ihm zu und weise auf das kleine Zementgebäude im Staub.

»He, du scheiß blonde Kapitalistenhure!« brummelt er undeutlich und taumelt gegen das Gebäude.

»Nein! Ich bin nicht so eine...« Mein Herz klopft mir bis zum Hals, und ich beginne zurückzugehen. Ich mache mich nun besser davon! Niemand sonst ist auf der Straße. Ich schätze, daß er ein entrechteter Revolutionär sein könnte, der sich vor den nächtlichen blutigen Greueltaten an der Grenze von Guatemala und Chiapas versteckt.

»He!« schreit er. »He, Blondie! He, Gringa!« Seine Rufe verfolgen mich wie ein Totengesang. Er hört nicht auf, als ich weggehe. Ich wende mich um, will die Straße überqueren. Ich bemerke, daß ich an Schläfen und Handflächen zu schwitzen beginne, und ich gehe noch einen Schritt vom Tor weg, blicke geradeaus. Da höre ich ein ernstes Klicken. Er prescht hervor und ergreift von hinten meinen Arm. Ich spüre heißen Atem auf meinem Scheitel und ein Klopfen in den Ohren, als er sich nähert, an meinem Arm zerrt und die Mündung einer Pistole in meine Seite drückt.

Er zieht mich in die Gasse. Er scheint diesen Ort eingenommen zu haben. Was ist mit Coyol passiert? Er schließt das vergitterte Tor auf dem kleinen Weg zwischen den beiden Gebäuden. Die Gasse scheint jetzt als Müllkippe benutzt zu werden. Er stößt mich weiter und schiebt mich in das kleine Häuschen. Er schließt die Tür.

Ich falle zu Boden. Die Behausung ist dunkel und modrig, sie hat keine Fenster. Er zündet eine Öllampe an und hängt sie an den Dachbalken. Ich erkenne die nun schmutzige, nackte

Matratze zu meiner Rechten; einige leere Dosen, vertrocknete Tortilla-Stücke und Fruchtschalen liegen herum. Daneben auf dem Boden sehe ich etwas, das wie ein blutiger Teppich aussieht. Ich keusche. Auf dem Boden liegt auch eine verkrustete Obsidianschneide. Coyols große Plastikkrüge voller Münzen fehlen.

»Komm bloß nicht auf die Idee zu schreien!« sagt er, als ich auf dem Boden herumtaste. »Was glaubst du eigentlich, wer du bist, daß du so mit mir sprechen kannst?« grummelt er.

»Ich wollte Sie nicht beleidigen«, flehe ich voller Angst, während meine Augen sich an das schwache Licht gewöhnen. »Ich hab mir bloß Gedanken um Sie gemacht!«

»Hoch! Los, steh auf!« faucht er. Der Mann steht auf einer Holzkiste und wippt, er hält immer noch die Pistole in der Hand.

Ich tue, wie mir geheißen, aber er deutet mit der Pistolenmündung auf meine Brust, genau in die Mitte.

»Zieh dich aus!« Er glotzt mich mit kalten, eisigen Augen an.

Ich bin entsetzt, als ich merke, was mit mir passiert. Ich fange an, mein rosa Baumwollbluse aufzuknöpfen und zeige ihm meinen nackten Oberkörper. Meine kleinen Brüste sehen in diesem Zementschuppen sehr verletzlich aus. Ich öffne den Reißverschluß meines Rocks und lasse ihn heruntergleiten.

Als ich vollkommen nackt bin und meine Kleidung sich auf dem Boden häuft, drückt mich der Mann auf die schmutzige Matratze. Dort liege ich, während er seine Hose auszieht. Das macht er mit einer Hand, mit der anderen hält er die große Pistole. Ich keuche, als er seine Unterhose auszieht. Er fällt auf mich, setzt mir die Pistole an den Kopf und drückt seine nicht sehr große Erektion in mich. Ich sage mir, es könnte schlimmer sein. Wichtig ist, daß er mich nicht umbringt.

Er stößt einige Male zu und stöhnt. Ich zucke vor Schrecken und wende mein Gesicht leicht ab. Er riecht stark nach Alkohol und Schweiß. Ich mache mich auf etwas gefaßt, aber die Vergewaltigung ist fast so schnell vorbei, wie sie begonnen hat. Lediglich das schleimige Gefühl bleibt. Es gibt nur eine kurze Pause. Ich merke, daß die Tortur noch nicht vorüber ist. Doch er rollt von mir herunter und dreht mir den Rücken zu, um sich, auf dem Rand der Matratze sitzend, eine Zigarette anzuzünden. Das Streichholzheftchen liegt auf seinem nackten Oberschenkel. Ich frage mich, ob er mich als nächstes umbringt.

Der Geruch von Rauch erfüllt dieses verdunkelte Zimmer. Schatten wirbeln wie Phantome umher. Er steht auf und blickt mich finster an. »Wenn ich dich jemals wieder hier sehe, bringe ich dich um«, sagt er mit markerschütternder Sicherheit.

Ich sitze still. »Warum?« frage ich mich.

»Und wag niemandem zu sagen, daß ich hier bin«, sagt er drohend und nimmt einen langen Zug von seiner Zigarette. »Keiner darf von mir wissen. Jetzt zieht dich an!« Er spuckt die Worte aus, als ekele er sich vor meiner Nacktheit.

Ich klaube schnell meine Kleidungsstücke zusammen, versuche, mein Zittern zu kontrollieren, während ich hineinschlüpfe. Ist es möglich, daß er mich hier herausläßt, ohne mir noch mehr anzutun? Ich kleide mich an, sehe ihn auf der Suche nach einem Zeichen der Hoffnung verstohlen an. Seine Augen sind wäßrig. Sein Gesicht und der nackte Körper sind tot vor Zorn.

Ich stehe da und mache tiefe, klopfende Atemzüge in der Hölle. Meine Energie krümmt sich, wartet auf eine Öffnung. Ich beobachte jeden Augenblick, weiß nicht, was ich tun werde, bis es soweit ist.

»Raus hier!« sagt er dumpf.

Ich haste zur Tür und rase durch die Gasse zum Tor, das unglaublicherweise halb offen steht. Hinter mir höre ich einen Schuß und frage mich, ob er seine Meinung geändert hat und nun auf mich schießt. Ich laufe mit wilder, unkontrollierbarer Wut. Ich sehe mich nicht um, bis ich eine kleine Kreuzung, ungefähr eine Viertelmeile entfernt, erreiche. Dort sehe ich die ältere Frau von dem Marktstand an der Ecke des nächsten Häuserblocks. Ich bleibe abrupt stehen. Sie blickt mich unter ihrem schwarzen Rebozo höhnisch an, als ob sie mich sogleich verschlingen wolle. Ich denke, daß ich in eine Falle geraten bin; die Vergewaltigung war nur der erste Teil. Jetzt hält ein Lastwagen neben mir. Ich öffne die Tür und springe hinein, erzähle dem schlichten Bauern mittleren Alters vor Verzweiflung meine Geschichte. Der Fahrer ist sehr demütig und bescheiden, fast schüchtern. Er blickt vor Scham nach unten, während ich spreche. Der Mann kommt aus einem benachbarten Dorf und fährt dorthin zurück. Er bietet mir an, mich mitzunehmen. Ich danke ihm überschwenglich.

Als wir losfahren, sehe ich ängstlich die Straße hinunter. Der Mann verfolgt mich nicht. Als wir dann an der alten Frau auf der Straße vorbeifahren, bleibt der Laster stehen. Mehrere jüngere Frauen kommen aus einem niedrigen Gebäude und stellen sich hinter die Alte. Jetzt gehen sie einige Schritte auf den Lastwagen zu. Ich blicke zurück in das einschläfernde Starren der alten Frau, und der Lastwagen fährt an. Sie blickt mich flehend an, als wir die staubige Straße hinunterfahren, auf das hügelige San Andres zu.

Als ich in dieser Nacht im Lastwagen vor den Lehmhütten dieses Mannes und seiner Familie schlafe, träume ich. Ich träume von dem nackten Mestizen, der sich in einer dunklen, feuchten

Zelle eine Kugel durch den Kopf jagt. Er lacht wahnsinnig, verrückt und gefährlich, schreit, daß er durch mich wiederkommen wird. Das Wesen, das von ihm Besitz ergriffen hat, ist ein verfluchter Prinz, der einst das Maya-Reich des Opferns und Eroberns regierte, das Chichen Itza hieß. Nun ist er ein Gefangener in der Unterwelt des alten Zauberers. Er brüllt, daß die Verwandlung außerhalb des räuberischen Todesreiches niemals möglich ist, deshalb versklavt er dort, nimmt sich Gefangene, sucht Energie und opfert. Man nennt ihn den Halach Uinic.

Als ich am nächsten Morgen in diesem kleinen Dorf erwachte, herumlief und um Geld für die Busreise nach Mexiko-Stadt bettelte, merkte ich, daß ich ein wenig mehr in die Welt der normalen Wirklichkeit gerutscht war, aber ich spürte auch, daß ich nicht vollends zurückgekehrt war, und daß ich es auch niemals würde. Ich war nun verurteilt, mit einem Fuß in beiden Welten zu leben, auf der Grenze zwischen ihnen zu wandeln, hinein und hinaus zu schlüpfen.

Schließlich kann ich an der Bushaltestelle in Mexiko-Stadt an und legte barfuß einige Meilen zur amerikanischen Botschaft zurück. Dort gab man mir einen Brief, in dem stand, daß mein Reisepaß und meine Papiere gestohlen worden waren. Außerdem bekam ich fünfunddreißig Dollar für einen Zug zweiter Klasse bis zur Grenze. Ich nahm den Zug, der nach San Luis Rio Colorado an der Grenze zu Arizona ging, denn ich hoffte, John Black Crow wiederzufinden. Als ich in den Abgrund stürzte, hatte er mir zugerufen, daß er mich nicht verlieren würde! Er war mit mir gesprungen! Vielleicht war er in diese Welt zurückgekehrt. Er war meine letzte Hoffnung; wenn er nicht da war, dann war mein Leben unwiederbringlich verloren.

# 7. Kapitel

Der Bus, den ich an der Grenze genommen hatte, kam früh am Morgen in Yuma an, und ich lief direkt zum Reservat. Ich hatte Angst vor dem, was ich dort finden oder nicht finden würde. Unglaublicherweise war John Black Crow zu Hause und hatte meine Ankunft offensichtlich erwartet. Die Vordertür stand offen, und ich stürzte in seine Schindelhütte. Als ich ihn sah, konnte ich nicht sprechen. John stand vor einem Gasbrenner und briet Fisch in einer Pfanne. Der Geruch war ziemlich penetrant. Johns Körper war angespannt, und sein Verhalten sehr ernst. Er sah sich um, und sein durchdringender, gebieterischer Blick ging mir durch Mark und Bein. Ich merkte, daß ich jeden Moment ohnmächtig würde. John ging zu seinem kleinen Holztisch und stellte zwei Teller mit Fisch darauf ab, dann deutete er mir bestimmt, mich hinzusetzen, bevor ich umfiele.

Sein Blick sprach Bände, aber ich wagte nicht, sie zu lesen. Ich spürte, daß John begann, seine Medizin bei mir anzuwenden. Bald bemerkte ich, daß ich keinen klaren Gedanken mehr fassen konnte. Was geschah hier mit mir? Der tiefere Sinn meiner jüngsten Erfahrung lag jenseits dessen, was ich verstehen konnte. Warum war all das passiert? Ich konnte den Fisch nicht essen, dessen Augen mich ausdruckslos wie der Tod anstarrten. Ich ging zu dem Bett hinüber, das John für meine Besuche bereithielt, und setzte mich schweigend hin. Mit leerem Blick starrte ich durch die offene Hintertür, die Hände zwischen den Knien.

Die Wüste war vollkommen still und durch das Holzschiebefenster am Fuße meines Bettes schien die Sonne. In diesem
absoluten Schockzustand wurde ich hypnotisiert und ging
völlig auf in einer Ansammlung schwebender Staubteilchen,
die im Sonnenlicht blitzten. John ging vorbei, er stolperte
leicht beim Hinausgehen; einen Augenblick später kehrte er
zurück und trug ein großes Bündel Pfeilwurz herein. Dann
setzte er es ab, füllte zwei Kürbisflaschen mit Wasser und
nahm etwas getrocknetes Rehfleisch aus einer seiner Vorrats-
truhen. Er trat zu mir und reichte mir die Kürbisflaschen, die
ich auf meinem Rücken festschnallte. Ich folgte ihm nach
draußen.

Ich wußte, wohin wir gingen. Die Wanderung in die Wüste
zu den beiden Sandsteinsäulen, die man am Horizont erkennen konnte, war ungefähr fünf Meilen lang. Wir sprachen
nicht, was eine willkommene Erleichterung war, und machten auch unterwegs nicht halt. Die starke körperliche Bela-
stung und der Blick auf die Weite der Wüste nahmen mich
sehr ein. Langsam begann ich, die Erinnerung an alles, was
mir zugestoßen war, ziehen zu lassen.

Als wir an unserem Ziel angekommen waren, machte John
Black Crow eine Geste, die völlige Stille gebot. Mit einer
großen Muschelschaufel, die er bei sich trug, grub er eine
Vertiefung in den weichen Sand. Dann legte er trockene
Zweige vom Süßhülsenbaum aus der Steppe in die Vertiefung
und entzündete ein Feuer. Während das Holz zu brennen
begann, wickelte John das Bündel mit Pfeilwurz aus. Die
Pflanzen waren sehr lang und robust. Er webte einige von
ihnen locker zu einer Art Strohmatte zusammen. Nachdem
die Süßhülsenzweige zu Glut verbrannt waren, legte er den
Rest des losen Pfeilwurzes in die Vertiefung auf die Glut.

Die Pflanzen begannen zu schwelen. John legte immer mehr davon auf das Feuer, bis sie zum oberen Rand der flachen Vertiefung reichten. Dann breitete er die Matte aus Pfeilwurz darüber und deutete mir, mich daraufzulegen. Ich nahm die Kürbisflaschen vom Rücken und tat, wie mir geheißen. Der Graben unter mir reichte von meinen Knien bis zu den Schultern und ging nicht über meine gesamte Körperbreite. Ich sank etwas ein, als ich mich auf die Matte legte, aber das Gras fing mich auf, bevor ich die heiße Glut berührte. Überall war Rauch.

»Atme den Rauch ein. Egal, wie sehr du husten mußt«, sagte John zu mir.

Der Graben war sehr heiß. Schweiß rann mir über den Körper, aber ich hustete nicht.

»Ich führe jetzt ein Ritual durch, das die Toten wieder erweckt. Du bist tot, ob du es weißt oder nicht. Du bist nicht vollständig zurückgekommen. Das ist mit deinem Geist geschehen. Das Ritual soll den Geist zurückrufen und den Körper von der Verführung der Unterwelt heilen, durch die du gerade gegangen bist. Ich werde uralte Erinnerungen in dir wachrufen, aber sie werden erst sehr viel später völlig an die Oberfläche treten. Während du wartest, wirst du schlafen. Die Erinnerungen stammen aus anderen Bewußtseinsschichten und zeigen den geheimnisvollen Kampf zwischen Leben und Tod. Egal, was du sehen wirst, du mußt kämpfen, gegen alle Widrigkeiten. Du darfst nicht nachgeben. Die Erkenntnis wird dich über die Schrecken und Schönheiten erreichen, die unsere alten Rituale sind. Diese Erinnerungen werden anfangen, in Träumen aufzutauchen, und wenn du sie erweckst, dann wirst du erweckt werden.«

John begann zu summen und schlug auf eine der Kürbisflaschen. Dann sang er in einer Sprache, die ich ihn nie zuvor hatte sprechen hören. »Uay kin ketai, a kin akan kumi chu tzun ki.«

*Plötzlich verliere ich durch die Hitze, den Rauch, das Singen mein Bewußtsein. Mein Kopf wird wie rasend hin- und hergeworfen. Während John singt, drängen sich durch den Rauch visuelle Zerrbilder auf. Es ist, als ob ein Lichtstrahl in den Dunst herniederfährt. Über dem Strahl befindet sich eine drehende, heulende Scheibe aus Sonnenlicht. Johns adlergleiche Gesichtszüge heben sich vor dem Rauch ab, durch das Licht werden sie immer schärfer, bis es schmerzt, ihn anzusehen. Ich spüre, daß meine Zellen durch den Druck der pulsierenden Hitze und seines immer schärferen, intensiveren Trommelns zerspringen werden. Es entsteht eine unerträgliche Spannung. Eine sehr hohe Frequenz, die von der Energie ausgeht, durchbohrt mein Gehirn und schießt durch jede Pore meines Seins. John stößt einen Schrei aus wie ein wildes Tier. Es gibt einen Lichtblitz, und der Rauch hebt sich!*

Später bemerkte ich, daß die Vertiefung abgekühlt war und die Dämmerung hereinbrach. Ich mußte aus meinem Körper getreten sein, war wohl lange Zeit ohnmächtig. John machte mir ein Zeichen aufzustehen. Ich erhob mich und trank hastig aus einer Kürbisflasche. Schnell nahm er sie mir aus der Hand und wies mich an, mich auf einen nahen Felsblock zu setzen, während er das Feuer abdeckte.

Wir liefen weiter in die Wüste hinein. Es war dunkel, als wir bei den Sandsteinsäulen ankamen. John Black Crow deutete, wir sollten eine Weile zwischen ihnen sitzen, um neue Energie zu sammeln. Die Säulen selbst erhoben sich wie eine Stimmgabel aus der kristallübersäten Gegend, der zerklüfteten Wüste. Dahinter lagen, als sei das Ganze von einem Magier entworfen, vulkanische Hügel mit ihrem geheimnisvollen See.

Als sich die Stille der Nacht über uns gelegt hatte, ergriff John die Gelegenheit, einige Worte zu flüstern: »Nun ist es an der Zeit, die Todesbande zu lösen. Alle Kreaturen brauchen diese Erlösung.«

Ich begriff intuitiv, daß mein Leiden nicht nur mit mir zu tun hatte, sondern eher mit dem Tod selbst. Während wir zwischen den Sandsteinobelisken saßen, stieg der Vollmond wunderschön am Horizont auf. Ich konnte die Anziehungskraft dieses Himmelskörpers spüren und lehnte mich stehend gegen die Säule, um mich ihm voll und ganz darzubieten. Er warf sein Spiegelbild auf den See, und ich stieg ins Wasser, um mich mit ihm zu vereinen. Später spürte John Black Crow Pumas in der Gegend, und wir gingen vorsichtig durch die Dunkelheit zu seinem Haus zurück.

Früh am nächsten Morgen kamen wir dort an. Es war noch dunkel, und wir schliefen beide bis zum Mittag. Als ich aufwachte, hatte John etwas Maisbrei für uns bereitet. »Wir können darüber nicht reden«, sagte er stockend. »Wir sind im Fluß. Das einzige, was wir tun können, ist, ihn zu steuern. Unsere gesamte Energie steht nun auf dem Spiel.« Eilig machten wir uns auf den Weg zu den Ufern des Colorado. Wir nahmen getrocknete Früchte und noch mehr Wasserflaschen mit. Als wir ankamen, entrollte John eine Strohmatte und legte sie dort, wo wir nah am Wasser saßen, in das Schilfrohr und das hohe Gras.

»Es gibt ein weiteres Ritual, das ich hier am Ufer des Flusses mit dir teilen werde. Es ist uralt, älter als die Pyramiden. Es wurde einmal mit mir geteilt, nun ist es zu meiner Kraft und zu meinem Schicksal geworden. Es kann nur am Wasser durchgeführt werden, an einem klaren, sonnigen Tag wie diesem. Sonst erhält man ein schlechteres Ergebnis.

Zuerst möchte ich, daß du ein körperliches Gebet kennenlernst, daß man »Smoking Skull« [Rauchender Schädel] nennt. Es ist seit den Anfängen von Sehern benutzt worden. Du wirst seine Weisheit gebrauchen können. Ich möchte, daß du glühende Energielinien siehst, die die Schöpfung zusammenhalten und wie dieses Schilfrohr aus der Erde kommen.« John machte mit seinen Händen vor meinem Gesicht Bewegungen im Uhrzeigersinn. »Sieh die goldenen Lichtbänder, die Fasern, die aus der Energie der Erde kommen. Sieh mit dem Auge zwischen den Brauen.« John durchdrang mich mit einem brennenden, hypnotischen Blick.

*Ich habe das Gefühl, als explodiere mein Kopf, und ein Auge auf meiner Stirn werde freigelegt. Es ist, als blicke man durch eine durchlöcherte Haut aus Gelatine. Durch diese Löcher kann ich in die Welt der Energie sehen. Ich kann auch in die Materie selbst sehen.*

*John fährt fort: »Nun ziehe eine dieser Energielinien zu dir, als ob du sie rauchtest, atme sie ein. Zieh einen gold-weißen Nebel zu dir, und laß ihn wie einen Stein in deinen Bauch sinken. Sieh, wie sich dort ein glühendes Ei bildet.«*

*Ich befolge seine mysteriösen Anweisungen und bemerke ein Klopfen in meinem Unterleib, das sich wie ein Blasebalg hebt und senkt. Ich spüre, wie meine innere Energie beginnt, zu glühen und sich in mir auszubreiten, während ich das wahrnehmende Bewußtsein für die Außenwelt verliere und mich auf das innere Licht konzentriere.*

*»Aus dem Ei kommt ein Dampf, der noch tiefer sinkt, bis er unter dir hervorströmt und um dich herum und deine Wirbel-*

*säule hinaufweht. Er züngelt wie ein Flammenregen. Wenn er dein Herz trifft, atme ein, zieh ihn wieder in dich hinein. Sieh, wie deine Lungen zu glühen beginnen und dein Herz pulsiert, brennt. Bald ist so viel von dieser Energie in dir, daß sie nur noch nach oben entweichen kann. Ein anschwellendes Lichtei erscheint in der Mitte deiner Brust. Atme ein. Das Licht steigt auf, wächst, breitet sich aus. Du atmest das Glühen ein. Das Ei öffnet sich. Darin ist schlohweißes Feuer. Deine Nase und das mittlere Auge öffnen sich, als hättest du heiliges Pulver geschnupft. Das Auge beginnt zu glühen. Der glühende Dampf erreicht den Schädel, der dadurch klar wird und wie ein Kristall summt. Der Dampf stürmt im Kristall. Sieh die nebelgleichen Einschlüsse. Der ganze Schädel beginnt, glühenden Dampf auszuschwitzen. Er raucht.*

*Atme mit einem kleinen »Ha« aus. Laß den Kiefer fallen und den Mund weit offenstehen. Sieh, wie eine graue Wolke von giftigem Feuergas aus deinem Mund sickert, das alles, was existiert, zu Asche macht. Alles, außer dich und mich. Erheb dich als die Energie in der Asche. Steige aus ihr empor. In der grauen Trübheit des Gases leuchtest du heller und heller vor Feuer. Nimm es! Es gehört dir! Nimm die Stärkung!«*

*Ich fühle tatsächlich einen Lichtstrahl in meinen Kopf schießen, der mich mit der Erde verbindet. Er wandert durch mich hindurch wie durch einen Kanal. John atmet vor mir aus. Ich sehe seine Augen grün leuchten. Er heftet seinen Blick auf mich und hebt den rechten Arm wie eine Schlange. Die Handfläche zeigt nach unten, und der Handrücken weist auf mich. Ich sehe, wie sich auf dem Handrücken ein Auge öffnet, wie das Auge in der Mitte der Stirn. Er streckt zwei Finger aus, als wolle die Schlange zubeißen. Er hebt den linken Arm, als rufe er Energie herbei, und schickt dann einen Stromschlag durch seine beiden Finger* direkt in die Muskeln über meiner Brust. Es fühlt sich an, als sei ich gebissen worden. Die Energie rauscht in mich, wird durch ihren Druck vorangetrieben. Ich erschaudere und bin atemlos.

Meine gesamte Wahrnehmung dehnt sich, schwingt mit. Alles Existierende vibriert schneller. Eine golden glühende Tür hat sich vor mir aufgetan.

»Bevor der weiße Mann in unser Land kam, trat dieser Fluß jeden Frühling über die Ufer. Im Sommer dann konnte Getreide gesetzt und im Herbst geerntet werden. Nun ist oben am Fluß ein Damm. Aber damals war der einzige Platz, an dem man das Wasser überqueren konnte, genau hier. Überall sonst war die Strömung zu stark und das Wasser zu tief. Das hier war unser Land. Der Übergang ist immer noch da. Ich werde dir zeigen, wie du von dieser Stelle aus in das höhere Reich der Energie gelangen kannst. Es liegt an mir, es dir zu zeigen, weil ich die Macht dieses Ortes besitze.

Die meisten Menschen wissen nicht, was sie im Moment des Todes tun sollen. Um ihn zu bekämpfen oder seine Macht zu nutzen, muß man das Beste von sich gehen lassen. Ich möchte, daß du dich selbst losläßt und den Fluß der Energie überquerst. Das glühende Ei, das du fühlst, ist Lebenskraftenergie. Es ist dein bester Anfang. Immer, wenn es sich öffnet, wird es dich bewegen. Goldweiße Eier werden Leben, Heilung, Magie auf dich niederregnen lassen. Weil du diese Energie freigibst, wird sie vergrößert zu dir zurückkehren. Das ist die große Kunst von Offenbarung und Schöpfung. Außerdem wird deine Energie jedesmal weiter gehen, weiter in den großen See allen Lebens. Ich gebe dir nun diesen Übergang.

Hör gut zu. Wenn der Moment deines Todes naht, wirst du deinen Körper als riesiges, goldweißes Ei verlassen, das mit einem

Dream Body *in sich brennt. Vor dir wird ein glänzendes Licht sein, und unter dir ein Fluß von Energie. Du wirst über das Wasser gehen und beginnen, schneller zu vibrieren. Es wird aussehen, als löstest du dich durch eine Schwelle auf. Überquere den Fluß der Energie, dann explodiere durch Feuer über die Schwelle, und du findest mich auf der anderen Seite, dort warte ich auf dich. Dies ist die Kraft, die ich dir gebe. Ich bin der einzige Mensch, der sie verleihen kann. Mit dieser Kraft wirst du in andere Reiche sehen können und vielleicht wirst du sogar die große Kunst des Hinübergehens erlangen, wenn dein Körper noch lebt.*

*Du hast ein Schicksal. Was dich vor Jahren hierherbrachte, und was jetzt geschieht, ist alles vorherbestimmt. Sonst wärst du jetzt nicht bei so einem alten, indianischen Zauberer wie mir. Denk daran: Als Gegenleistung dafür, daß ich es dir nun zeigen werde, wirst du es eines Tages mit anderen teilen müssen.*

*Du wirst anfangen, in deiner wachen Welt Wirbel zu erblicken. Du bildest eine Brücke zwischen Energie und Materie. Du wirst vielleicht die Fähigkeit besitzen, fast jede Krankheit zu verwandeln und unglaubliche Dinge erscheinen zu lassen. Das sind Fähigkeiten, an denen du andere teilhaben lassen solltest. Wenn du* Smoking Skull *praktizierst, wird dir keine Erkenntnis verwehrt werden, solange dein Herz rein ist. Wenn du erst einmal mächtig genug geworden bist, wirst du Energie herbeirufen, heraufholen und übermitteln können, so wie ich es für dich getan habe. Ich erzähle dir das alles, weil es passieren wird und du dich darauf einstellen mußt.«*

*»Was hast du mit mir in dieser Feuergrube gemacht? Es sah aus wie eine rituelle Einäscherung.«*

*»Genau. Du warst tot. Danach habe ich den Kern deines Seins mit Energie durchstoßen. Ich gebe dir diese Geschenke, weil du*

*mir etwas bedeutet hast. Ich kann sie weitergeben, und jetzt sind
sie dein Vermächtnis. Sie sind mit nichts zu vergleichen. Die
Macht selbst hat von dir Besitz ergriffen. Jetzt steh auf.«*

*Ich zittere. John macht mir angst. »Nachdem du Zeuge des letz-
ten Akts gewesen bist, mußt du diesen Ort verlassen. Du wirst
eine Zeitlang schlafen, viele Jahre lang, dann wirst du erwachen
und dich daran erinnern, daß du eine Aufgabe zu erfüllen hast.
Nachdem du damit fertig bist, werde ich dich rufen, und du
wirst die Welt mit mir verlassen.« Er sieht mir tief in die Augen,
bis ich vollkommen still bin. John hält meine Arme. Er beginnt,
sich selbst zu verwandeln.*

*Ich spüre eine eigentümliche Stille in mir. Ich kann mich ihr
nicht entziehen! John bohrt sich in mich, zieht all meine Aufmerksamkeit auf sich. Als er meine gesamte Konzentration verspürt, explodiert John Black Crow ins Licht, brennt vor meinen
Augen wie eine Supernova! Strahlen von goldweißem Feuer
schießen aus ihm heraus und durchbohren den Kern meines
Seins. Meine Augäpfel schließen sich in dem grellen Licht. Ich
ringe mit der Blindheit! Jedes Atom, jede Zelle brennt bis ins
Mark. Oh mein Gott! Was habe ich getan? Was habe ich gesehen?*

# TEIL II
# Den Traum heilen

# 8. Kapitel

Zwölf Jahre vergingen, bevor meine verborgenen Erinnerungen wieder an die Oberfläche traten. Sie kamen in Form von Träumen. Bis zu ihrer Ankunft schlief ich im wahrsten Sinne des Wortes. Meine Gefühle waren abgestorben. Ich lebte mein Leben in einem leeren, materiellen Traum. Ich fragte mich sogar, ob meine wenigen Erinnerungen an John und Chon nicht nur einfache Halluzinationen waren. Ich vermutete, daß ich in meinem schrecklichen Schmerz nach Richards Tod schlicht und einfach verrückt geworden war. Um diesen Verdacht vor mir selbst und anderen zu verbergen, absolvierte ich die höheren Fachsemester und verfolgte in einem vor der Wirklichkeit fliehenden, akademischen Trancezustand meine Lehrerlaufbahn. Dann begann mein Erwachen eines Nachts mit einem Traum.

*Ich befinde mich im nebeligen Hochland von Chiapas, Mexiko, sitze in einem Loch, das mit dem Rauch von Kopalgras erfüllt ist. Draußen stapfen Maya-Jäger mühsam durch den Schnee. Sie tragen einen kranken Jaguar auf einer Bahre, der in einem bemitleidenswerten Zustand ist und vorsichtig behandelt wird. Die Jäger bleiben vor meiner Türschwelle stehen. Der Jaguar nimmt eine augenlose, weiße Steinmaske von seinem Gesicht und wirft sie in den Schnee. Die Jäger gehen weiter. Nahe bei der Tür kauernd, bedenke ich meine Lage. Ich entscheide mich, die Maske zu nehmen.*

*In dem Moment geht ein Kampfpriester der Maya, der in einen Mantel aus Jaguarfell gekleidet ist, auf meine Tür zu. Er gräbt*

*seine Füße in den Boden und hebt die Arme in einem hierogly-*
*phischen Tanz gen Himmel. Er wirkt sehr furchteinflößend.*
*Obwohl er versucht, sein Gesicht hinter dem Fellmantel zu ver-*
*stecken, erkenne ich in ihm den Halach Uinic. Der Priester wirft*
*eine andere Maske in den Schnee, die ebenso gefleckt ist wie das*
*Jaguarfell. Sie landet näher bei mir. Ich weiß, daß er die Jaguar-*
*maske will und sogar bereit ist, mit mir darum zu kämpfen. Ich*
*beschließe, mich zu fügen. Als er wegsieht, greife ich nach seiner*
*Maske. Er nimmt die weiße Maske aus dem Schnee und geht in*
*den Nebel.*

Das Klingeln des Telefons riß mich aus diesem Traum. Im
Dunkeln drehte ich mich zur Seite und griff nach dem Hörer.
Ich war durcheinander und wußte nicht, wie spät es war. Am
Telefon war mein Arzt, Dr. Melville Stickle.

»Merilyn, ich habe Ihre Nachricht bekommen. Fühlen Sie
sich immer noch schlecht?« fragte er in seinem tiefen, langgezogenen Tonfall.

»Ja, Herr Doktor, wirklich schrecklich.«

»Und nehmen Sie Ihre Medizin?«

»Ja ... natürlich.« Ich drehte mich auf den Rücken, hielt den
Hörer in der einen Hand und fühlte mit der anderen meine
Stirn. Ich fieberte immer noch. »Ich scheine diese Sache einfach nicht loszuwerden. Ich kann nichts essen. Ich huste, bis
ich mich übergeben muß. Und mein Fieber ist so hoch, daß
der Schüttelfrost nicht aufhört.«

»Merilyn, ich kenne jemanden, den Sie kennenlernen sollten,
einen Spezialisten vom Sacred Heart Hospital, Dr. William
Babbitt. Ich möchte, daß er Sie einmal vollkommen durch-
checkt.«

»In Ordnung, Dr. Stickle, wenn Sie meinen.«

»Gut. Ich mache einen Termin für morgen früh.«

»Morgen? Aber morgen ist doch Samstag...«

»Samstags empfängt er bis mittags Patienten. Fahren Sie so früh wie möglich dorthin.«

Ich machte mir inzwischen große Sorgen. Was war mit mir los? Ich hatte schon einige Tage auf der Arbeit gefehlt und nahm an, daß meine Studenten hilflos umherirrten. Seitdem ich sie zur Ankunft der Kolumbus-Schiffe mitgenommen hatte, fühlte ich mich nicht gut. Ich konnte nachts nicht schlafen. Was mir ganz besonderes Kopfzerbrechen bereitete, war der kürzliche Brand in meinem Seminarraum. Ich hatte mit meinen Studenten auf der großen Rückwand des Unterrichtsraumes eine Wandmalerei der Maya-Pyramide für den Gott Kukulkan angefertigt. Als wir an jenem Freitag abend die Schule verließen, waren wir gerade damit fertig geworden. Am Wochenende brannte der gesamte Sprachentrakt der Schule aus. Das Feuer schien auf geheimnisvolle Weise ausgebrochen zu sein; man konnte die Ursache nicht feststellen. Der ganze Vorfall machte mir fürchterliche Sorgen. Ich dachte, daß es irgendeine Verbindung zwischen dem Feuer und dem Ausbruch meiner Krankheit gäbe.

Am nächsten Morgen erwachte ich, als die Sonne ihre Strahlen durch mein Fenster warf. Selbst nach einer ruhigen Nacht fühlte ich mich körperlich immer schwächer. Ich zog mich an und fuhr zu meinem Arzttermin. Ich trug einen Wollmantel und ließ die Lüftung in meinem Auto an diesem, mit 16 Grad warmen Tag auf Hochtouren laufen. Ich hustete und keuchte auf dem ganzen Weg dorthin. Schließlich erreichte ich das Krankenhaus und suchte die Einfahrt zur Tiefgarage des Krebszentrums. Ich fand sie und stellte mich in die erste freie Parklücke. Als ich ausstieg, sah ich einen schönen, schwarzen Jaguar, der es sich neben meinem Jeep gemütlich gemacht hatte.

Die Glastüren des Krebsbehandlungszentrums schwangen auf, als ich auf die Gummimatte mit dem Sensor trat. Drinnen an der Rezeption stand eine nette, übergewichtige Empfangsdame in einem violetten Hosenanzug und mit einer Pudelfrisur. Sie lutschte Zimtbonbons und sah mich neugierig an.

»Haben Sie einen Termin?«

»Ja, bei Dr. Babbitt«, stammelte ich und lehnte mich leicht gegen ihren großen Holzschreibtisch. Ich nahm mir ebenfalls ein Bonbon.

»Wie ist Ihr Name?« Sie blätterte in den großen Seiten ihres Terminkalenders.

»Merilyn Tunneshende«, sagte ich, aber die Frau starrte mich nur verwirrt an. »Stimmt etwas nicht?«

»Sie sind nicht auf der Liste.«

»Dr. Stickle selbst hat mit Dr. Babbitt abgesprochen, daß ich heute morgen untersucht werde. Ich bin keine seiner normalen Patienten.«

Nur halb überzeugt, rief sie »unten« an, um meine Aussage zu überprüfen. »Sie können runtergehen«, sagte sie, als sie den Hörer auflegte. »Er sieht Sie sich an. Nehmen Sie den Aufzug in den Keller und dann rechts.«

Ich fuhr mit dem Aufzug eine Etage tiefer und erschauerte, als sich die Tür öffnete und den Blick auf eine Unterweltszene direkt aus der Hölle freigab! Krebspatienten. Einige von ihnen, graugelb und schrecklich leidend, wankten von Helfern begleitet umher. Es gab alte Leute und junge Leute, die warteten, einige saßen und andere lehnten sich gegen die hübschen Stützmöbel. Eine Inszenierung zu der seelenbetäubenden Musik im Hintergrund.

Im Zentrum dieses großen, fremdartigen Tempels stand wie

120

ein Altar die Zentrale mit den Karteikarten. Die hinter dem rosa Tresen umherhuschenden, weißbekittelten Angestellten holten die Unterlagen der Erwählten hervor. Ich wankte auf dieses Heiligtum zu.

»Merilyn Tunneshende?« fragte ich, selbst nicht ganz sicher.

Hinter dem Tresen kreuzte eine Frau die Arme vor der Brust und starrte mich einfach an.

»Zu Dr. Babbitt«, stotterte ich.

Sie winkte einer anderen Frau, die sagte: »Kommen Sie hier lang!« und mich durch klatschende Flügeltüren in die Abteilung für Chemotherapie führte.

Ich war wie betäubt von der dunklen Energie, die ich empfing und die offensichtlich von den Wirkungen der Chemotherapie und der Bestrahlung der Patienten erzeugt wurde. Überall saßen Kranke in Sesseln, neben ihnen standen Gestänge, an denen Infusionsbeutel befestigt waren wie vertäute Ballons. Anders als die Patienten im allgemeinen Warteraum besaßen diese hier einen grünlich-grauen Hautfarbton. Ich beobachtete einen mittelgroßen, blonden Mann in einem grünen Kittel, der zwischen den Infusionsbeuteln herumlief, als prüfe er den Heliumgehalt der Ballons, damit sie nicht schrumpften.

War das etwa Dr. Babbitt? Ich wurde in ein Untersuchungszimmer gebracht und dort bei geschlossener Tür allein gelassen. Ich saß so still wie ein Häschen, das sich im Gras versteckt, bis die Tür geöffnet wurde, und dieser Mann hereintrat.

»Merilyn, ich bin Dr. Babbitt.«

Ich mußte all meine Kraft zusammennehmen, um mich vom Stuhl zu erheben. Als ich mich mühsam aufrichtete, konnte ich mich selbst kurz im Wandspiegel sehen. Ich erschrak fürchterlich! Meine Kleidung hing lose an mir herunter. Mein Gesicht sah aus wie ein mit grauer, mumifizierter Haut überzogener Schädel, und mein rotblondes Haar hing wie öliges Stroh bis zu meinen spitzen Ellenbogen hinunter.

Dr. Babbitt bemerkte meine Reaktion auf mein Spiegelbild und drückte mich sanft zurück auf den Stuhl. »Setzen Sie sich, Merilyn«, sagte er freundlich. Seine Augen sprangen alarmiert hin und her. Ich konnte mir vorstellen, daß sein Gehirn eifrig arbeitete.

Ich sah ihn mir nun genauer an. Auf den ersten Blick hätte man denken können, er sei aus Skandinavien. Er sah sehr nordisch aus, gebieterisch. Das Haar wie Sonnenlicht, auf der Stirn einen Schopf von Mondlicht, leicht gewellt. Unter dem fluoreszierenden Licht ging ein weißliches Leuchten von ihm aus. Er hatte zarte, aber männliche Hände.

»Sprechen wir zuerst über Ihre Symptome«, schlug er vor. »Fieber?«

»Ja, um die 39 Grad.« Ich sah, wie er es aufschrieb.

»Schwitzen Sie nachts?«

»Ja! Woher wußten Sie . . .?«

Er ging über meine Frage hinweg. »Sie husten. Wie lange schon?«

»Es fing um Thanksgiving an, aber seit Weihnachten ist es schlimmer geworden. Und jetzt haben wir, was . . . Februar?« hustete ich stoßweise.

»Ja. Haben sie abgenommen?«

»Ungefähr zwanzig Pfund über den letzten Monat«, sagte ich und sah an meinem Körper herunter, der mir plötzlich sehr dünn vorkam.

»Geschwollene Drüsen?« Er sah sich meinen Hals und meinen Nacken an.

»Nicht daß ich wüßte.«

»Übelkeit?« Seine Liste schien endlos.

»Oh, ja.«

»Ich muß Sie untersuchen, Merilyn. Wenn Sie bitte einmal hier zum Tisch herüberkommen würden.« Er ging auf den Flur und rief eine Krankenschwester. Als sie das Zimmer betrat, fuhr Dr. Babbitt fort, meinen Nacken wie einen Brotteig zu kneten. Dann huschten seine Finger sanft an den Seiten hoch und runter. »Sie haben diese geschwollenen Drüsen hier am Hals nicht bemerkt?« Er schien alarmiert zu sein.

»Nein. Ich fühle dort normalerweise nie nach.«

Er sah mich stark beunruhigt an. »Sind Sie außer Landes gewesen?«

»Ja, oft. Als letztes in Mexiko. Ich hatte ein Stipendium der Nationalen Stiftung für Geisteswissensschaften. Glauben Sie, daß ich mir da etwas geholt habe? Ich bin vorher noch nie krank gewesen, außer hin und wieder mal eine Magen-Darm-Grippe.«

»Ich bin mir nicht sicher. Was glauben Sie denn, was Sie haben?«

»Dr. Stickle dachte, es könnte Pfeiffersches Drüsenfieber sein, aber es wird durch Ruhe nicht besser.«

»Wenn das Pfeiffersches Drüsenfieber sein soll, dann ist es der schlimmste Fall, den ich jemals gesehen habe!« fuhr er mich an und fügte dann freundlicher hinzu: »Ich lasse Sie ins Krankenhaus einweisen. Wir machen ein paar Untersuchungen.«

»In Ordnung. Tun Sie, was Sie für richtig halten.«

Er lächelte. Ärzte lieben unterwürfige Patienten. »Was war das denn für ein Stipendium, das Sie hatten?«

»Ich habe die Wurzeln der hispanischen Wandmalerei als

123

Kunstform in den vorkolumbianischen Gemälden der alten Mayas untersucht. Durch mein Stipendium konnte ich drei Monate im Dschungel und in den Bergen der Yucatan-Halbinsel verbringen. Außerdem habe ich sehr viel Linguistik für meine Doktorarbeit vorbereitet.«

»Sprechen Sie fließend Spanisch?« Er schien gefesselt zu sein.

»Ja. Aber nicht wie ein Hispano.« Ich fing schon wieder zu husten an.

»Entschuldigen Sie mich, Merilyn!« sagte er freundlich. Er trat zum Tisch hinüber, drückte den Knopf der Gegensprechanlage und flüsterte in der Überzeugung, daß seine Mitarbeiter umgehend reagieren würden, wie ein obszöner Anrufer Anweisungen in den Lautsprecher.

Ich wurde von einem Pfleger mit einem Rollstuhl abgeholt, und im Eilverfahren ging es auf die »Autobahn«. Ich raste durch die Tunnel, die Eingeweide dieses radioaktiven, unterirdischen Körpers zum Aufzug und kam im neunten Stock des Krankenhauses wieder heraus. Dann wurde ich schnell zu Zimmer 800 befördert. Mir blieb gerade noch genug Zeit, einmal Luft zu holen, nachdem ich atemlos um die letzte Ecke gesegelt war.

Ich hatte ein kleines Privatzimmer (man sagte mir, alle Zimmer seien privat) mit einem großen Spiegelglasfenster. Ich blickte auf einen modernen Hochbau, auf dem eine Neonpyramide angebracht war. Die Nacht brach herein, und nun konnte ich mich endlich ausruhen. Beharrlich leuchtete die Pyramide im dämmrigen Licht. Während ich sie beobachtete, schlief ich irgendwann ein.

Als mehrere Tage später die Sonne über dem Gebäude mit der Pyramide aufging, bereitete mich ein Anästhesist auf die an dem Morgen geplante Bronchoskopie vor. Er gab eine Medizin in den Infusionsbeutel, die meinen Speichel austrocken sollte. Bald konnte ich nur noch sehr schwer schlucken. Ein kräftiger Krankenpfleger kam herein und legte mich auf eine Bahre.

Nachdem er mich offenbar meilenlange Korridore entlanggeschoben hatte, erreichten wir ein dunkles Labor mit einem Fernsehmonitor und einem Kontrollzimmer für Computeranalyse. Ich legte mich auf etwas, was wie ein Röntgentisch aussah. Eine kleine blonde Krankenschwester namens Flora gab mir ein Beruhigungsmittel und sprühte mir dann Lidocain mit Aspiringeschmack in die Nase und in den Hals. Jetzt konnte ich überhaupt nicht mehr schlucken. Sie wies mich an, den linken Arm oben auf der Armstütze liegen zu lassen, die am Tisch befestigt war, so daß die Röntgenstrahlen ohne Behinderung durch meine Lungen gehen konnten.

Eine Ärztin namens Teagues kam mit einer Maske, einem blauen Chirurgenkittel und Gummihandschuhen herein. Sie sah mich an, als sei ich das erste Exemplar einer fremden Spezies, die sie untersuchen konnte. Sie nahm einen langen, schwarzen Gummischlauch mit dem Durchmesser eines Strohhalms, an dessen Spitze eine kleine Kamera mit einem Licht befestigt war. Ihre Augen glänzten, als sie den Fernsehmonitor anschaltete.

Als Dr. Teagues mit diesem schwarzen Schlauch auf mich zukam, waren meine Augen schon sehr groß geworden, ich sperrte sie geradezu auf. Ich spürte, daß ich rhythmisch atmete. Sie führte den Schlauch in mein rechtes Nasenloch ein und schob ihn hinunter. Es fühlte sich unangenehm an, schmerzte aber nicht. Als er in meiner Kehle ankam, hustete ich sehr tief. Sie schob den schwarzen Aal tiefer in meinen

Hals. Eine Weile hustete ich noch, selbst als er die richtige Stelle in meiner rechten Lunge erreicht hatte, bis ich mich an das Gefühl gewöhnt hatte.

Nun führte Dr. Teagues einen Draht, an dem eine kleine Zange hing, in den Schlauch und ließ sie in meine Lunge gleiten. Sie kam mit ihrem linken Auge sehr nah an mein Gesicht, wenn sie durch die Minikamera in den Schlauch hineinlugte. Wenn sie eine Gewebeprobe wollte, drückte sie auf einen Knopf, woraufhin die Zange, auf das elektrische Signal reagierend, ein wenig Gewebe abschnitt. Dann zog sie den Draht mit der Gewebeprobe wieder herauf und legte sie in eine Petrischale, um wieder von vorne zu beginnen.

Ich wandte den Kopf zur Seite und blickte auf den Monitor, hypnotisiert vom Anblick meiner eigenen, atmenden Lungen. Sie erschienen grau auf dem Bildschirm, und die durch sie hindurchlaufenden Kapillaren sahen aus wie dunkelgraue Fäden. Ich konnte verschwommene Flecken sehen und den dünnen Schlauch mit der mechanischen Pinzette erkennen, die von ihm ausging und herumschnitt.

Ich blickte zurück zu Dr. Teagues. Plötzlich wurde ihr Auge sehr groß: ein riesiger, wirbelnder Strudel. *Ich träume, schwebe auf einem der vielen Lichtpunkte in ihrem Auge, reise auf etwas zu, wirble darin herum. Der Lichtpunkt flackert und explodiert in einem gleißenden Regenbogenkomet. Er heult durch den unendlichen Raum. Im Zentrum diese Raums atmen meine riesigen Lungen, sie summen. Immer im Kreis. Immer weiter. Immer im Kreis.*

Beim Fiebermessen um vier Uhr morgens stand der Vollmond über der Neonpyramide. Nebel stieg aus dem Abluftventilator draußen und drehte sich spiralenförmig an meinem Fenster vorbei. Meine Decken waren feucht. Mein Kopfkissen naß vom Fieber. *Ich höre Tonflöten und Fußzimbeln. Gong! Die Spitze der Pyramide ist in blendend weißes Licht getaucht. Ich werde transportiert, knie in einem aus Sandstein gehauenen Zimmer vor einem Steinaltar. Ich bin übermannt von dieser echten Wachvision. Geblendet taste ich im Licht umher, als schwimme ich durch eine unbekannte Substanz, meine Lippen formen stumm unentzifferbare Wörter.*

*Das Licht beginnt, auf dem Altar mir gegenüber heller und fester zu werden. Es verfestigt sich mit unerträglicher Spannung, bis es wie ein riesiger, durchscheinender Grabstein nach oben durch die Decke schießt. An den Seiten befinden sich scharfe, eckige, weißlichgelbe, flügelähnliche Ausstülpungen. In der Mitte dieses leuchtenden Schlauches ist eine glitzernde Längsspalte, ein Ort, wo zwei Welten des Lichts aufeinandertreffen. Aus dieser Spalte spricht das Lichtwesen.*

*»Was bist du?« frage ich, die Hände über meinem Herz gefaltet.*

*Als Antwort dröhnt ein Ton. Ich spüre die Blindenschrift der Hieroglyphen, schwimmende Lichtsymbole, die von der Lichtquelle an meine Fingerspitzen auf dem Steinaltar übertragen werden. Wie die Finger einer blinden Frau fliegen die meinen über abstrakte, leuchtende Gedanken. Die Hieroglyphen werden zu kleinen Lichtschlangen, die mit ihren scharfen Giftzähnen in meine zarten Fingerspitzen beißen. Ich spüre, wie sie sich unter meiner Berührung winden.*

*»Ich bin hier, um dich zu dem zurückzubringen, der sich an dich erinnnert.« Das Licht scheint das Zimmer einzuhüllen. Es verfestigt sich wieder vor mir.*

*»Wer ist ›der sich an mich erinnert‹?«*

*Ich sehe eine Hand aus weißem Licht durch die Spalte des leuch-*

tenden Wesens auftauchen. Ich spüre, wie sie sanft, zart, meine Wange streichelt. Sie strahlt Licht aus wie ein dampfender Eiswürfel. Die Hand ist kühl und beruhigend.

»Erinnere dich«, sagt eine Stimme.

Blitzartig verspüre ich völlige Klarheit. Ich weiß, was mit mir passiert. Ich weiß, was kommen wird.

# 9. Kapitel

Einige Nächte später liege ich in meinem Krankenhaus-bett. Der Tag war im Dämmerzustand vorbeigerauscht, Krankenschwestern waren hinein- und hinausgetrippelt, hatten neue Blutproben genommen oder versucht, mir Orangenfruchteis einzuflößen. Ich scheuchte sie voller Verachtung fort und warf nicht einen Blick auf das Essen, das sie hereinbrachten; der Geruch war mir schon zuviel.

Das Mondlicht schien durch mein Fenster, es glitzerte wie kleine, perlmuttfarbene Pferdchen, die einen Berg hinunterstürmen und Staub aufwirbeln. Ich sah den Mond an, der wie ein Scheinwerfer auf mich gerichtet war. Ich streckte meine Arme in den Lichtfluß. Sie waren in Licht gebadet. Ich spürte, daß es wieder Zeit für mich war, ins Mondlicht und in die Stille zu gehen. *Ich beginne, mich aus meinem Körper zu erheben, treibe und fließe nach oben. Ich fühle, wie ich frei aufsteige, und dann finde ich mich wieder, durch ein anderes Reich reisend.*

*Die Nebel des Träumens werden dünner und geben den Blick auf das Land der Mexicas frei, Vorfahren der Maya in Zentralmexiko. Ich sehe eine Luftansicht der Sonnenpyramide in Teotihuacan. Unten erstreckt sich die Pyramide, himmlisch, unglaublich, fast wie ein natürliches Tafelland, aber mit Stufen. Ich weiß, daß unter der Pyramide Höhlen sind, aus denen am Ende einer großen Flut die Vorfahren der Mexicas hervorkrochen, gelockt von den schwachen Sonnenstrahlen, die durch die Risse fielen. Über den Höhlen schütteten sie einen Erdhügel auf,*

129

*an dem immer weiter gebaut wurde, bis es die größte Pyramide der »Neuen Welt« wurde, die zweitgrößte nach Gizeh. Ich weiß, daß es hier vor der Flut kälter war und die Männer Mastodons jagten, und noch früher gab es inmitten einer dichten Vegetation viele spuckende Vulkane. Ich erkenne das alles auf einen Blick. Ich merke, daß es ungefähr um das Jahr Null ist. Die Gruppen von Indianern wandern meistens umher. Gerade wurde Mais urbar gemacht, Wasser ist von oberster Wichtigkeit.*

*Die Zeit läuft weiter, jetzt ist es ungefähr 300 nach Christus. Die Nachkommen der wandernden Völker haben sich auf der südlichen Yucatan-Halbinsel niedergelassen, wo es an manchen Stellen sehr tropisch ist, an anderen aber fast trocken. Die Legende sagt, daß vor der Küste dieses Landes ein riesiger Asteroid vom Himmel fiel und so viel Staub aufwirbelte, daß das Sonnenlicht nicht mehr zu sehen war und die Welt in kaltes Grau getaucht wurde. Die Menschen entwickeln die Astronomie, um nach diesen Phänomenen Ausschau zu halten und sie vorherzusagen. Sie führen die Traditionen des Hügelaufschüttens, der Künste und des Ackerbaus weiter. Die Männer sind sehr stark und jagen wilde Tiere.*

*Das Bild wird zeitlich vorgespult und zeigt jetzt den Rand einer natürlichen Landschaftsbildung. Es ist ein großer, kreisrunder Süßwassersee, unsagbar tief, der von porösem weißen Kalkstein und Bäumen umgeben ist. Auf der Halbinsel gibt es viele solcher Orte, und sie sind heilig. Das Wasser des Sees sickert durch den Kalkstein, der das Salz auf natürliche Weise herausfiltert, so daß das Wasser trinkbar wird. Auf dem Grund des Sees lebt der Regengott Chac Mool. Er zeigt anhand des Wasserstands, ob er zufrieden ist oder nicht.*

*Ein Priester des Wassers, jemand, der Chac am besten deuten kann, steht am Rande dieses Sees. Der Wind bläst. Der Horizont* verdunkelt sich. Der Priester, gekleidet in ein Leinentuch, das er wie einen Rock über der Hüfte trägt, hält ein kleines Baby hoch in die Luft und schreit gen Himmel.

»So wie der große Geist der Wasser, Chac Mool, unserem Land Wasser für neues Leben bringt und die Wasser wieder zurücknimmt«, ruft der Priester, »so nimmt er auch wieder das Leben, das seine Wasser bringen. In diesem Sinne biete ich, der Diener von Chac, ihm dieses neugeborene Leben in der Hoffnung an, daß er unser Korn zu neuem Leben erweckt.«

Es ist eine milde, trockene Jahreszeit, wenn Chac besänftigt werden muß. Sollte er die Wasser zurückbringen, so kommmen sie mit der großen Hitze. Man hört Schreie aus der Menge.

»Chac, wir haben Durst! Chac, bring uns Wasser!«

Das Baby lacht sein Süßes-kleines-Baby-Lachen. Pflichtbewußt stehen seine Eltern ein kleines Stück weiter unten am See nah am Rand des Wassers.

»Er will das Baby ins Wasser werfen!« schreit jemand.

Bewußt trete ich in diesen Traum: »Wirf das Baby nicht dort hinein! Sein neues Leben wird vom Mool verschluckt werden. Gib ihm etwas, das er ausspuckt.« Der Kopf des kleinen Kindes hüpft auf und nieder, als der Priester es höher hält.

Jemand aus der Menge schreit und zeigt herüber. »Laßt uns sehen, was er mit ihr macht!« Ein anderer Mann zeigt auf mich. »Das Baby können wir auch noch später opfern, wenn es sein muß. Dies ist ein neuer Weg. Sie bietet sich selbst dar.«

»Dies ist ein neuer Weg«, ruft jemand anders.

»Ein neuer Weg!« singt die Menge.

Die Eltern gehen den Pfad am See entlang und nehmen ihr Baby. Sie warten in einer Zeremonienhütte bis zum Morgen, um zu sehen, ob das Kind dann doch noch geopfert werden muß.

»Wir werfen dich im Dunkeln hinein«, knurrt der Priester und sieht mich böse an. Seine Augen funkeln, als er zu seiner Hütte stapft, um seine Gedanken in Kopalrauch zu ertränken. Er läßt mich am Rande stehen. Die Menschen umringen den See in einiger Entfernung und sehen mich eine Weile an. Dann zerstreuen sie sich, miteinander flüsternd. Ich setze mich hin und lasse meine Beine über den Rand baumeln. Es ist viel Platz zwischen meinen Fußsohlen und dem Wasser. Ich frage mich, ob es kalt oder warm ist.

Während ich dort sitze und nachdenke, höre ich ein Rascheln im Dschungel. Aus dem Blätterwerk steigt Chon hervor, braun und mit athletischem Körper. Seine Zähne sind so weiß wie der Mond. Noch immer trägt er kurzgeschnittenes Haar mit Ponyfransen und ein weißes Hemd. Er hält ein kleines Bündel zusammengelegter grüner Blätter in der linken Hand. Ich bin überglücklich, ihn zu sehen.

»Dies ist der Eintritt, den du geträumt hast. Wir haben darauf gewartet, daß du aufwachst«, sagt er und blickt mich neugierig an. »Dies ist unser Ausgangspunkt. Chac ist alt und unergründlich. Er wird dich nicht ausspucken. Er wird dich verwandeln. Chac ist Geist. Ich will dies hier mit dir teilen.« Er zeigt auf sein Bündel.

Chon beginnt, meinen Körper mit einer aromatischen Mischung aus Tier- und Pflanzenfett einzureiben. Während er die Salben aufträgt, wird es Nacht. Der Priester kommt zurück, und Chon verschwindet im Dschungel.

»Ich werfe dich nicht einmal da rein. Mach das selbst!« fährt er mich an.

»Aber es gibt keinen Weg hinunter«, sage ich und sehe in das dunkle Wasser.

»Dann mußt du springen.« Er ragt über mir. Hinter ihm rauscht der Wind in den Bäumen.

Ich ziehe in Erwägung, mich an den Weinranken hinunterzulassen und dann während der Nacht an ihnen zu hängen, aber der Priester beobachtet mich, um sicherzugehen, daß ich wirklich springe. Ich habe keine Wahl. Jetzt holt er ein Feuersteinmesser hervor und kommt näher. Wenn ich nicht springe, bringt er mich um. Niemand sonst ist da. Ich höre ihn knurren. Ich springe. Mein Magen versagt, und meine Beine fliegen nach oben. Sie brennen, als sie auf das eiskalte Wasser treffen. Ich kann nicht atmen. Dann fühle ich, wie ich treibe.

»Gib die Kontrolle auf. Überlasse dich Chacs Energie!« ruft Chons Stimme, der aus dem Dschungel kommt.

Ich öffne die Augen. Es ist stockdunkel, aber ich merke, daß ich auf der Wasseroberfläche treibe. Ich atme tief ein. Ha! Wenigstens kann ich meinen Kopf drehen und klare Luft einatmen.

»Jaguarfett«, sagt Chon und tritt an den Rand des Sees, »und aromatische Pflanzen, damit du nicht auskühlst. Bleib da, wo du bist. Bald geht der Mond auf. Auch die Mondgöttin muß entscheiden. Der Priester wird durch deine Macht bedroht. Er sagte: ›Wenn sie oben treibt und tot ist, bedeutet es, daß Chac sie zurückgegeben hat. Dann werfen wir zur Morgendämmerung das Kind hinein. Wenn keine Spur von ihr zu sehen ist, bedeutet das, daß Chac sie angenommen hat.‹ Er ist sofort gegangen, als du gesprungen bist.«

Ich bleibe im Wasser. Chon erzählt davon, daß Zeit und Träumen in Kreisen verläuft. Sie kommen immer zurück. Dann geht der Mond auf. Er ist vollkommen rund. Als er oben am Himmel steht, befindet er sich genau über meinem See, und ich schwebe in einem riesigen, glühend weißen Ball. Ich bewege mich nur ein bißchen, um kleine Wellen im Lichtschein hervorzurufen.

»Ich wußte es«, ruft Chon triumphierend. »Bleib im Mond.

*Dort bist du richtig. Bleib da, wo du bist, und lausche den Vögeln bis zum Morgen.« Er verschwindet wieder im Wald.*

*Ich versuche, mich nur auf die Vögel zu konzentrieren, aber hin und wieder höre ich Tiere schreien, schreckliche Laute, die aus der Dunkelheit wallen. Unheimliche Schreie, die mich an eine ältere Seele denken lassen. Endlich entdecke ich einen Hauch Rosa und Rot am Himmel. Dann höre ich, wie eine Menschenmenge den Pfad herunterkommt. Chon hüpft herum wie eine Amsel, winkt mit einer Weinrebe, an der er mich hinausziehen will.*

*»Chac hat sie gesegnet!« ruft er der Menge zu. »Sie ist nicht tot und nicht zurückgewiesen. Sie ist da unten und lebt.«*

*Eine Weinrebe klatscht aufs Wasser.*

*»Hör auf, diesen Unsinn zu erzählen«, sagt der Priester, als ich nach der Rebe greife und sie mich herausziehen. »Chac hat ihren Versuch nicht einmal wahrgenommen.«*

*»Hat er doch!« beharrt Chon.*

*Ich bin klatschnaß und über und über mit grünem Schleim und Schlick bedeckt. Meine Kleidung schimmert ebenfalls grün und klebt an mir, bedeckt gerade den einen Oberschenkel.*

*»Welch eine Scheußlichkeit!« zischt der Priester und stößt mir das Feuersteinmesser in die Seite.*

*Dann Dunkelheit und das Gefühl des Aufsteigens. Ich schwebe wieder über derselben Stelle im Dschungel, aber jetzt sind dort viele Menschen. Der Ort pulsiert vor Leben. Alles ist voller Steinbauten und Pyramiden. Ich sehe eine spiralförmige Struktur, ein astronomisches Observatorium.*

*Ich sinke hinab wie Rauch und sammle mich wieder im Schneidersitz in einer dunklen Ecke des »Nonnenklosters«, ein abgelegener Übungsort für Frauen, die geopfert werden sollen. Hier werden sie unterrichtet und verbringen ihr Leben, bis sie »geru-*

fen« werden. Chon sitzt bei mir. Ich bewundere sein freundliches, von Sorgen gezeichnetes Maya-Gesicht mit der langen, schmalen Nase. Er lächelt und zeigt auf die sich auftürmenden Wolkenmassen über der Sternwarte.

»Ich habe auf dich gewartet. Die Opferzeremonie für Chac hat sich geändert. Wenn wir dieses Wissen noch weiter vorantreiben wollen, müssen wir das Opfernde daran erhalten.«

»In welchem Jahr sind wir wohl?« frage ich mich. Ich lese von den Hieroglyphen für den Herrn dieser Stätte auf einer Steinsäule ab – sie steht wie ein Totempfahl vor dem Kloster –, daß er in dem Jahr regiert, das dem Jahr des Herrn 650 entspricht.

Ich höre, wie sich die schweren Schritte des Halach Uinic nähern, es klimpert vor Jade und Gold. Auf der Türschwelle stehen und hereinschauend, verdeckt er die Sonne. Er ist breit, groß, stark und mächtig. Voller Erstaunen sehe ich Chon an.

»Willkommen in Chichen Itza«, knurrt der Halach. Seine Zähne sind überreich verziert mit wertvollen Jade- und Türkissteinen. Er blickt mich lüstern an und geht dann weiter, gefolgt von zwei weniger hochstehenden Ehrenmännern, die in Roben aus Jaguarfell gekleidet sind.

Frauen aus dem Kloster erzählen mir heimlich, daß ältere Frauen wie Kinder mit zusammengebundenen Händen und Füßen in den heiligen See geworfen würden. Man wähle Männer für die Spiele auf dem heiligen Ballplatz aus, die Gewinner würden geköpft, ihr Blut rinne für Chac in den Boden.

Nun nimmt mich Chon, mein Chuch Kahau, mit auf eine Erkundungstour. Im Boden sind von Menschenhand geschaffene Zisternen und unterirdisches Wasser für Dampfbäder, das über heiße Glut fließt. An der Küste gibt es in Richtung Tulum Stätten für rituelle Bäder und rituelle Reinigung, die so schön sind, daß man glaubt, man sei im Himmel. Wir schwimmen in dem klaren, unterirdischen Wasser, baden in dem Sonnenlicht, das durch die runden Löcher durch das Dach der Höhle fällt. Delphine springen um uns herum, schwimmen in und aus den wassergefüllten Höhlen, die zum glitzernden Meer führen.

Wir paddeln in einem ausgehöhlten Baumstamm durch den Dschungel den Fluß hoch zu einem anderen Ort, nach Palenque, ziemlich weit von Chichen Itza entfernt. Der dortige Herrscher, Ahau Pacal Votan, hat sogar ein unterirdisches Abwassersystem erfunden, und er baut einen riesigen Tempel voller Inschriften, der seine Überreste beherbergen soll. Wie der Halach ist auch er ein erschreckend großer Mann, aber er ist blaß und hat einen Klumpfuß, seine Augen quillen hervor.

Im Initiationszimmer des Palastes durchlöchern Menschen in einem ekstatischen, blutigen Ritual ihre Zungen und Genitalien, um Visionen zu empfangen und mit dem verspritzten Blut Weissagungen zu treffen. Man ißt, schnupft oder raucht eine besondere Sorte von Pilzen, um Halluzinationen hervorzurufen, die vieles offenbaren. Die Visionen und Weissagungen leiten die Teilnehmer, die ihre Körper verlassen haben, durch das Reich der Götter.

Als wir durch den Dschungel zurück nach Chichen gehen, wird unser Pfad immer schmaler und verschwindet schließlich, während wir langsam aufsteigen, uns wie Dampf über das üppige Blätterwerk erheben. Als wir dann wieder herunterkommen, ist die Zeit weitergelaufen. Ich sehe einen Hof mit riesigen, zylindrischen Steinobjekten, die an Seilen hängen. Sie werden von Arbeitern im Lendenschurz angeschoben, damit sie schwingen. Wenn sie bewegt werden, verursachen die Zylinder einen tiefen, dröhnenden Laut, der meilenweit zu hören ist. In der Gruppe, an der wir vorbeigehen, sind auch Gesichter zu erkennen, die nicht zu den Maya gehören. Die Maya strecken und verlängern *ihre Köpfe, und die meisten besitzen Adlernasen. Doch all das fehlt bei diesen Menschen, deren Nasen kleiner und spitzer und deren Gesichter runder sind. Sie haben einen wilden Gesichtsausdruck, und ihre Kleidung ist anders, kriegerischer.*

*Einer Steininschrift entnehme ich, daß wir uns im Jahre 1200 befinden. Ich werde darauf hingewiesen, daß diese Fremden Nachfahren der Tolteken sind, die aus dem Norden vertrieben wurden. Sie haben sich in dem so gut wie verlassenen Chichen niedergelassen und es wieder zum Leben erweckt. Chon und ich gehen an der gewaltigen Stufenpyramide zu unserer Rechten vorbei, die dem Propheten Kukulkan gewidmet ist, oder, wie sie in ihrer Sprache sagen, Quetzalcoatl. Sie ist auf die Sonne ausgerichtet, und das untergehende Licht bildet kleine Dreiecke auf einer langen Reihe von Stufen, die wie der Schlangenkörper in die steinernen Köpfe von Schlangen mit weit aufgerissenen Mäulern führen. Kukulkan ist ein machtvoller Gott der Verwandlung.*

*Wir schreiten langsam über den Hof, der zu einem großen, breiten, rechteckigen Tempel mit Stufen führt. Am Fuße stehen Steinsäulen, die sich fast endlos um den Tempel winden; es sind mehr als tausend, die die Strohdächer der langen Gänge tragen. Dies ist der Tempel der Krieger, wo Tausende von besiegten, nicht integrierten Völkern geopfert werden. Männer, Frauen und Kinder sind entlang dieser langen Gänge an Säulen festgebunden, sie warten darauf, oben auf dem Tempel zu sterben.*

*Eine große Menge hat sich vor dem Riesentempel versammelt. Viele Opfer sind an die Säulen gebunden. Ich bewege mich an das Ende von einem der strohgedeckten Kolonnadengänge, wo niemand festgebunden ist. Chon tritt mit mir aus der Menge, sein Gesicht spiegelt seine Bedenken wider.* »*Wir sind angekommen. Wir sind gekommen, um dies hier zu verwandeln. Die*

*Opferung ist zu einem Ritus aus der Unterwelt geworden.«* Ich nicke in völliger Übereinstimmung.

*Die Maya singen: »Opfert sie!« Die Tolteken halten die aufgebrachte Menge zurück, bewachen die festgebundenen Opfer und führen sie nacheinander auf den Tempel.*

*Ich fange an, mir meinen Weg durch die Menge gequälter Gefesselter zu bahnen, die in mir unbekannten Sprachen schreien. Ich muß »sehen«. Die Tolteken stehen an der Seite und lassen mich vorbeigehen, bis ich am Treppenabsatz ankomme. Dann greift einer von ihnen nach meinem Arm, um mich die Stufen hinaufzuführen.*

*»Ich brauche keine Hilfe«, sage ich und entziehe ihm meinen Arm. Ich steige die Stufen hoch, die außerordentlich steil und mit Terracotta und bunten Schriftzeichen bedeckt sind. Der Aufstieg ist sehr lang. Die Menge verstummt, als die Glocken ertönen. Oben angekommen, erblicke ich am Ende der Treppe eine sich zurücklehnende rote Gottheit aus Stein mit einer gewaltigen Tafel vor dem Bauch. In den vier Ecken des Tempels knien Steinfiguren. Sie blicken über den Dschungel und tragen Schalen, in denen der »Nektar der Götter« aufgefangen wird. Der enorme Kopf einer Schlange ist links hinter der roten Steingottheit zu sehen. Aus den Inschriften leite ich ab, daß der karminrote Dämon mit der Bauchtafel Chac sein soll.*

*Der Weihrauch nebelt mich ein. Plötzlich bekomme ich Höhenangst. Durch den Rauch kann ich in der Ferne die Pyramide Kukulkans erkennen. Aus einem Steinzimmer treten zwei in rote Roben gekleidete Toltekenpriester. Ihre Gesichter blicken aus Goldhelmen in Form von Adlerköpfen. Jeder ergreift einen meiner Arme. Und dann tritt hinter einer steinernen Abtrennung stolz der Halach Uinic hervor, er leuchtet mit seinen goldenen und grünen Quetzalfedern wie eine Aura aus Smaragden. Er selbst ist schon ein Schauspiel.*

*Voller Zufriedenheit blickt er mich an und schärft seine Obsidi-anschneide an einem der Zeremoniensteine. Chon kommt schnaufend die Stufen zu uns herauf. Er bringt eine Urne mit medizinischem Fett. Chon betrachtet mich voller Mitleid, während er das Fett auf meiner Brust verreibt und ein Gebet flüstert. Mein Herz ist schwer, und das Atmen ist unglaublich mühselig für mich. Meine Haut kribbelt, als führe sie ein Eigenleben.*

*Chon tritt zur Seite, und die zwei Toltekenpriester bringen mich zu einer Steinplatte. Indem jeder von ihnen einen meiner Arme hält, beugen sie mich rücklings über die Platte, während zwei mindere Priester ohne Helm meine Füße an einen Steinring im Boden binden. Der Halach Uinic beugt sich über mich.*

*»Brecht ihr das Rückgrat, damit sie sich nicht wehren kann!«
stößt er giftig zwischen den Zähnen hervor.*

*Als Antwort flüstere ich: »Ich habe keine Angst vor dir.«*

*Von hinten hält einer der Priester mit den Adlerhelmen meine beiden Arme über dem Kopf fest; der andere tritt nach vorne und drückt meinen Oberkörper zurück gegen die Platte, er bricht mich in der Hüfte. Ich spüre einen Knall. Meine Beine zappeln nicht mehr. Der Halach beugt sich über mich. Ich kann seinen schweren Atem auf mir spüren. Er betrachtet mich mit Appetit.*

*»Ich habe keine Angst vor dir«, wiederhole ich und blicke ihn böse an. »Du kannst mir nichts mehr tun.«*

*»Hierdurch wirst du deine Kraft zurückgewinnen!« ruft Chon von der Seite. »Nach diesem Opfer hast du das Schlimmste überstanden.«*

*Ich starre in die Augen des Halach Uinic und sehe seine Furcht: er hat Angst, diesen Kampf zu verlieren. Seine Augen fiebern, und seine Schläfen beginnen zu schwitzen. Er drückt sein Messer mit aller Kraft in mein Brustbein und schlitzt meine Brust auf. Er steckt seine Hand in meinen Körper und zieht seinen blutigen Schatz hervor: mein ausgelöstes, noch schlagendes Herz. Der Halach keucht, als er es betrachtet. Mein Herz strahlt goldenes Feuer aus. Unten wiegt sich die Menge in Trance. Voller Schreck wirft der Halach mein brennendes Herz auf die Bauchtafel des Mool.*

# 10. Kapitel

Dr. Babbitt kam früh am nächsten Morgen mit einem rundlichen, jungen Medizinstudenten vorbei. Der junge Mann hatte Wurstfinger, die aus den Ärmeln seines schlecht sitzenden Laborkittels hervorschauten, und ein rosiges Babygesicht. Gegen das Waschbecken gelehnt und in den Spiegel blickend flocht ich mein Haar unter einer Neonröhre.

»Merilyn«, fing Dr. Babbitt zögernd an, »wir haben etwas herausgefunden . . .«

»Was denn?« Ich drehte mich um und sah ihn an.

Er holte tief Luft. »Sie haben . . . Aids«, platzte es schließlich aus ihm heraus, wobei er meinem verwirrten Blick auswich.

Stille. Aids? Oh, mein Gott! Ungläubig blickte ich zweimal hin, doch es war, als bewege sich Dr. Babbitt in Zeitlupe, er beobachtete mich aus den Augenwinkeln heraus und machte es mir schwer, seinen Gesichtsausdruck zu erkennen. Ich wandte mich ab und sah mit gläsernem Blick aus dem vernebelten Fenster.

Meine Energie atmete außerhalb meines Körpers, leicht oben hinter ihm, war mit ihm über eine silberne Schnur durch meinen Bauch verbunden. Ich schwebte dort in vollkommenem Schockzustand. Der Medizinstudent sah mich an. Er war rot geworden und sah ganz heiß und feucht aus. Ich griff nach dem Geländer am Bett und zog mich daran hoch.

141

»Aids?« flüsterte ich schwach.

»Wir wissen nicht, ob es schon voll ausgebrochen ist.«

»Sind die Blutwerte zurückgekommen?«

»Ja.«

»Das kann nicht sein. Haben Sie den Virus GESEHEN?«

»Wir haben den Antikörper gefunden, der den Virus bekämpft«, sagte er langsam, wobei er noch immer aus dem Fenster blickte.

»Dann machen Sie die Tests noch mal!« schrie ich.

»Das tue ich«, sagte er und sah mir zum ersten Mal direkt in die Augen. Seine Stimme war voller Angst.

»Da liegt irgendwo ein Fehler vor!« erschauderte ich.

Dr. Babbitt sah zu, wie ich mich am Geländer des Bettes festklammerte, dann blickte er zu seinem rot angelaufenen Novizen herüber und verließ mit ihm das Zimmer.

Am nächsten Tag begann ich, die um 1992 aktuelle medizinische Literatur über Aids aus der Krankenhausbibliothek zu verschlingen. Jeder Artikel, den ich las, war entmutigender und pessimistischer als der vorherige. Eine liebe Krankenschwester namens Fauna brachte mir auf mein Geheiß feierlich diese schweren, verstaubten Bände der Enzyklopädie, als hole sie sie aus der Bibliothek von Alexandria.

»Merilyn, meinen Sie wirklich, daß Sie das alles lesen sollten?«

»Ich muß alles wissen, Fauna.«

Irgendwann fing ich an, die Bezeichnungen dieser biologischen Dämonen vor mir selbst herunterzuleiern, schwitzend blätterte ich in den großen Seiten des Necronomicron.

Die Ärzte kamen herein, um einen Tuberkulose-Hauttest durchzuführen. Man informierte mich, daß sich bei meiner schwachen Immunabwehr eventuell keine Hautreaktion zeigen würde, ich aber trotzdem eine ausgebrochene Tuberkulose haben könnte. Die Krankenpfleger trugen Atemschutz, mein Abfall und die Bettlaken kamen in einen roten Plastiksack mit der Aufschrift »BIOLOGISCH KONTAMINIERT«.

Mein Zimmer war verdunkelt; es war spät, ungefähr zehn Uhr abends. Ich wachte auf, weil vor meiner geschlossenen Tür gesprochen wurde. Ein winkelförmiger Lichtstrahl durchhackte die Dunkelheit, und zwei Menschen betraten den Vorderraum. Die Krankenschwester Patsy, die einen Atemschutz trug, wurde von einem dünnen, gut gekleideten, zarten Mann mit ergrauendem Haar begleitet, das er über der Stirn und hinter den Ohren lang trug.

»Merilyn, ich habe Ihnen hier jemand mitgebracht«, sagte Patsy hinter der Maske.

»Ich bin Doktor...«

»Rosco Bostik«, unterbrach ich und setzte mich im Bett auf, um ihm die Hand hinzuhalten.

»Woher kennen Sie meinen Namen?« fragte er mit einem starken Akzent und reichte mir seine kleine, kalte, gepflegte Hand.

»Haben Sie von mir gehört?« Er schien verblüfft zu sein.

»Dr. Babbitt sagte mir, daß Sie vielleicht heute abend bei mir vorbeikommen würden.«

»Ach so, ja«, sagte er. »Hat Dr. Babbitt Ihnen auch gesagt, daß ich die größte Kapazität auf dem Gebiet von HIV und Aids bin?«

Ich nickte. Seine Berühmtheit schien Dr. Bostik zu gefallen. Er zog sich einen Stuhl an mein Bett, setzte sich elegant hin und schlug die Beine im Dunkeln übereinander. »Wenn Sie uns entschuldigen würden, Patsy. Wir unterhalten uns ein bißchen.«

»Aber sicher, Herr Doktor.« Patsy verließ das Zimmer und schloß die Tür hinter sich.

Dr. Bostik beobachtete mich eine Moment und preßte seine Hände vor seinem Gesicht gegeneinander. Er nahm eine kleine, blaue Papiermaske aus seiner Jackentasche und legte sie auf den Tisch neben sich. »Ich trage dieses Ding nicht. Ich kann sie nicht ausstehen. Außerdem bin ich immun gegen Tuberkulose. Ich hatte sie als Kind.« Er hielt einen Moment inne und beugte sich mir leicht entgegen. »Merilyn, erzählen Sie mir von sich.«

Es ermutigte mich, daß er eine Tuberkulose überlebt hatte; angesichts seines jetzigen Alters mußte das in den dreißiger Jahren gewesen sein, als es noch keine Antibiotika gab. Und trotz seiner Immunität war ich von seiner Geste gerührt.

Zögernd begann ich: »Ich bin eine neunundreißigjährige Lehrerin.«

»Ja, das weiß ich«, sagte er geduldig. »Ich habe schon mit Dr. Stickle gesprochen. Ich meine, erzählen Sie mir von Ihrer Krankheit.«

Etwas überrascht blickte ich ihn durch das Dunkel an. Ich begann, meine Symptome aufzuzählen, das Fieber, das nächtliche Schwitzen, Gewichtsverlust, Schwäche, Husten und Müdigkeit. Bostik hörte aufmerksam zu, beinahe fasziniert.

»Was hat man Ihnen gesagt, Merilyn?« fragte er sanft.

»Daß ich Aids habe.« Ich beobachtete sorgfältig seine Reaktion.

»Und was halten Sie davon?«

»Tja, ich denke, sie wollen, daß ich ihnen jetzt glaube. Ich meine, sie haben mir die Blutergebnisse gezeigt«, flüsterte ich und schob mich im Bett näher an ihn heran.

»Was für eine philosophische Einstellung!« rief er. »Und wie hat man Ihnen mitgeteilt, daß Sie Aids haben?«

»Dr. Babbitt kam einfach herein und sagte: ›Sie haben Aids.‹«
Dr. Bostik zuckte zusammen und sah weg. Er rückte in seinem Stuhl hin und her.

»Was wurde Ihnen sonst noch gesagt?« fragte er, nachdem er das verdaut hatte.

»Daß ich vielleicht auch Tuberkulose habe, obwohl mein Hauttest negativ war.«

»Ja, das ist möglich«, sagte Dr. Bostik düster. »Merilyn, woran Sie immer denken müssen, ist, daß wir Aids zwar nicht heilen, aber doch die meisten Symptome behandeln können. Jetzt muß ich Ihre Augen untersuchen.« Er öffnete seine schwarze Arzttasche und zog einen Augenspiegel hervor. »Kommen Sie hier ans Fußende des Bettes!« sagte er und klopfte auf das Laken. Wenn ich hier anschalte, sehen Sie bitte in das Licht.«

Er hielt das Instrument vor mein rechtes Auge, und ich starrte wie angewiesen in das Licht. Er versuchte, mein Auge zu untersuchen. »Sehen Sie nicht mich an. Schauen Sie ins Licht!« Aber ich wollte ihn ansehen. Auf seiner Stirn hatte er kleine Falten von all den Jahren der Sorge, wie eine alte, zerknitterte Decke. Ich öffnete ein wenig meinen Mund, als ich ihn mit großen Augen anstarrte.

»Merilyn, schauen Sie nicht mich an. Sehen Sie ins Licht!« wiederholte er ruhig.

Sieh ins Licht. Dieser Satz rief vage Erinnerungen an eine andere Erfahrung in mir wach. In den erleuchteten Augenspiegel blickend, sah ich zuerst nur das blendende, weiße Leuchten, aber dann *entdecke ich einen Tunnel mit einem noch größerem Licht am Ende. Ich kann fühlen, daß die Moleküle des Seins aus*

145

mir herausgesaugt und den Tunnel hinunter gesaugt werden; sie jagen einander in einem elektrischen Tanz, einer befreienden Spirale. Während sie in den Tunnel geschleust werden, höre ich trillernde Töne, als zwitscherten Vögel. Sie werden zu Stimmen, die mich aus dem Tunnel, unter dem Bogengang einer alten Steinbrücke rufen. Diese eine ist eine wunderschöne Frauenstimme.

»Merilyn«, sagt sie.

»Nanu!«

Es ist meine Urgroßmutter. Sie steht in einem langen, hochgeschlossenen, viktorianischen Kleid in Dunkelblau unter der Brücke. Sie sieht wunderschön aus. Ihr langes, dickes, kastanienbraunes Haar steht wie ein Heiligenschein um ihre hohen Wangenknochen und ihre blasse Stirn. Es ist auf ihrem Hinterkopf zu einem Knoten zusammengefaßt. Ihre großen Mandelaugen glänzen in diesem unnachahmlichen Eisblau. Sie hält eine brennende Fackel in der Hand, die die schönen Steine über ihr offenbart.

»Merilyn?« Diese Stimme ist tief und weich.

Ein schlanker, gut gekleideter Mann mit ebenso hypnotischen Augen kommt aus dem Schatten der Brücke hervor und steht neben Nanu im Licht. Ich erkenne ihn sofort.

»Richard!« keuche ich. Ich fühle, wie mein Herz klopft bis zum Zerspringen; meine Augen füllen sich mit Tränen.

Mein Atem überschlägt sich, während ich auf sie zulaufe, näher und näher an das funkelnde Licht der Fackel herankomme. Sie ziehen sich rückwärts in den Schatten unter der Brücke zurück und schütteln den Kopf. Ich höre Richards Stimme sagen: »Bleib dort.«

Dr. Bostik schaltete den Augenspiegel aus.

»Sind meine Augen in Ordnung?« fragte ich orientierungslos und ängstlich und wischte meine Tränen weg.

146

»Ja.« Er sah mich seltsam an, während er das Instrument in seiner Tasche verschwinden ließ.

»Glauben Sie, daß ich Aids habe, Dr. Rosco?«

»Was wir wissen, ist, daß Sie auf jeden Fall HIV-positiv sind, und das ist... nicht sehr schön. Ich habe den CD4-Bericht noch nicht bekommen, der den Zustand Ihres Immunsystems zeigt. Wenn ich den habe, kann ich Näheres sagen. Ich vermute jedoch, daß Sie das schon sehr lange haben.« Er dachte einen Moment lang nach. »Sobald man sich mit HIV infiziert, gehen die T4-Helferzellen jährlich um etwa 100 zurück. Normalerweise zählt man um die tausend. Ich habe das Gefühl, daß wir in Ihrem Fall bis zu zwölf, dreizehn Jahre zurückgehen müssen.«

»Sie glauben, ich habe das schon so lange?« Ich bin schokkiert.

»Das ist gut möglich. Sowohl HIV als auch Tuberkulose können jahrelang unbemerkt im Körper sein.«

»Da gab es mal eine Vergewaltigung«, stammelte ich.

»War diese Person vielleicht bisexuell oder spritzte sie Drogen oder hatte vielleicht Kontakt zu Prostituierten oder war im Gefängnis gewesen?«

»Dort wo es... passierte, sah ich Zeichen...«, murmelte ich voller Schrecken.

»Und davor?«

»Nur mein Verlobter. Er ist tot.«

»Tot?«

»Ja, er starb bei einem Autounfall.«

Dr. Bostik sah mich wissend an. »Ich denke, Sie können diesen... ungewollten Kontakt... als Möglichkeit in Betracht ziehen.« Er nickte und setzte sich wieder auf seinen Stuhl.

»Sie sind also Linguistin, wurde mir gesagt? Können Sie erraten, woher ich komme?«

»Ich bin nur Lehrerin für Spanisch, Dr. Bostik.«

»Aber ich wette, Sie sprechen es perfekt.«

»Niemand spricht irgendeine Sprache perfekt.«

»Das kann nur ein Linguist sagen.«

»Also gut, dann bin ich eine Linguistin«, räumte ich ein. »Aber ich muß vorsichtig sein, ich möchte Sie nicht beleidigen.« Ich blickte in das bläulichgoldene Licht, das ihn jetzt umgab, und ließ dessen weibliche Seite zu mir sprechen. Flüsternd teilte es mir mit – *Sag nicht Jugoslawien. Damit erschreckst du ihn.* Ich blinzelte. »Ich würde sagen, Sie sind aus Rumänien oder Bulgarien«, erklärte ich.

Dr. Bostik war vollkommen verblüfft. »Ich wurde zweihundertfünfzig Meilen von der rumänischen und hundert Meilen von der bulgarischen Grenze entfernt geboren. Ich bin Jugoslawe, ein Serbe.«


»Merilyn«, rief Schwester Patsy und kam in mein Zimmer, um das Bett zu machen. »Sie Arme, Sie müssen hier auf der Isolationsstation ja ganz einsam werden«, sagte sie. Ich schlüpfte in meinem geblümten Flanellpyjama aus dem Bett und wankte zum Stuhl hinüber. Während sie arbeitete, fragte Patsy: »Sie sind doch jetzt schon seit fast drei Wochen hier, oder? Wurde schon davon gesprochen, wann Sie nach Hause können?« Sie füllte den Eiskrug auf meinem Tisch auf.

»Noch nicht. Dr. Babbitt sagt, ich sei immer noch ansteckend.«

»Ich schätze, Sie freuen sich, wenn Sie endlich nach Hause gehen können und Ihre Freunde und Ihre Familie wiedersehen«, wagte sie sich zaghaft vor.

»Meine Familie wohnt jetzt ziemlich weit weg«, erklärte ich ihr, während ich wieder ins Bett stieg. »Bei ihrer Arbeitszeit und den eingeschränkten Besuchszeiten wegen meiner Isolation konnten sie nicht...« Meine Stimme verlor sich, als ich meine Ausflüchte hervorbrachte.

Patsy hörte still zu, die Augen gesenkt. Dann ging sie zur Tür und rückte das rote Isolationszeichen zurecht. Beim Hinausgehen zog sie die Tür hinter sich zu. Als ich mich in meinem Bett zurücklehnte, dachte ich, daß ich an Einsamkeit gewöhnt war. Ich fühlte mich stark von ihr angezogen, als würde sich meine physische Grundmasse auflösen, als setze meine Krankheit Kräfte frei, die mich noch tiefer hineinzogen.

*Ich träume, daß ich nach der Vergewaltigung in dem Zementraum gefangen bin. Schwere Schritte kommen näher, und ich habe Angst. Die Holztür geht auf, und ich erwarte, den Revolutionär in seiner schmutzigen Jeans und dem Baumwollhemd zu sehen, der mich wieder quälen will. Doch statt dessen ist es der Halach Uinic, der in dieser müllbeladenen Gasse steht. Er trägt seine Leinentunika und aus Gras gewobene Riemensandalen. Ein kleiner, gewebter Kopfschmuck aus Stroh und Quetzalfedern schmückt seinen Kopf mit den langen, schwarzen Zöpfen.*

*Der Halach spaziert über die Türschwelle, setzt sich auf den Rand der schmutzigen Matratze und sieht sich befremdet den ganzen Schmutz rundherum an. Er zündet die Öllampe an und stellt sie auf den Boden. Dann nimmt er eine Obsidianschneide und einen kleinen Tonbehälter aus seinem Fellbeutel. Mit der Schneide schlitzt er das Fleisch seines Unterarmes auf. Der Halach holt Puder aus dem Behälter und drückt ihn in die Wunde.*

*Das Licht der Laterne flackert. »Ach, da bist du«, sagt der Halach, als er mich im Schatten versteckt sieht, oder vielleicht wurden seine Sinne durch eine Halluzination geklärt.*

*Ich staune darüber, wie sehr er dem Revolutionär ähnelt. Nur* seine Kleidung, die Länge des Haares und die lange, fliehende, abgeflachte Stirn sind anders.

»Du hast es also nicht geschafft, mir zu entkommen. Was hast du dazu zu sagen?« fragt er und drückt ein kleines Stückchen grobes Papier auf seinen blutenden Arm.

»Ich begreife nicht, was du mit mir vorhast«, sage ich und rücke in den von der Flamme geworfenen Lichtkreis.

Er verbrennt das Papier im Feuer der Lampe. »So einfach ist das nicht. Du hast dich mir von Anfang an widersetzt. Ich weiß nicht, was du dir dabei dachtest, als du dich Chac dargeboten hast. Du scheinst zu glauben, daß hier irgendeine erhöhende, verwandelnde Kraft am Werke ist. Ich allerdings weiß, daß der einzige Weg zu überleben ist, das Bestehende durch die wandelnden Masken der Zeit fortbestehen zu lassen.«

Ich bin überwältigt von seiner Beredsamkeit. Sie erinnert mich an das Sprichwort, der Teufel habe eine goldene Zunge.

»Jetzt habe ich dich besiegt. Du wirst dich nicht ohne weiteres von den Erinnerungen und Erfahrungen all dessen, was dir jetzt passiert, erholen«, sagt er überzeugt. »Die Energie, die du bei diesen fruchtlosen Verwandlungsversuchen verbrauchst, wird mir gehören. Auch du wirst eingespannt werden, die bestehende Weltordnung zu erhalten.«

»Warum willst du das alles?« stammele ich atemlos vor Angst.

»Warum nimmst du so etwas Entwürdigendes auf dich? Dir ist doch klar, daß dieser Weg dein Verderben sein wird. Die Welt kann nicht so weitermachen, wie sie ist.«

»All das hier«, antwortet er mit einer ausholenden Handbewegung, »ist die einzige Voraussetzung, von deren Existenz wir im Moment ausgehen können, und es muß weitergehen.« Und mit dieser Erklärung erhebt er sich von seinem Platz und geht. Er schließt die Tür hinter sich.

*Nachdem ich dort unendlich lange zitternd und weinend im Dunkeln gesessen habe, höre ich ein Geräusch an der Tür und mache mich auf etwas gefaßt. »Komm herein, du Mistkerl!« knurre ich ihn an und brülle dann wie ein Jaguar: »So will ich nicht leben! Entweder bringst du mich jetzt um, oder du läßt mich heraus!« Ich fange an, gegen die Wände der Zelle zu schlagen. Da erfüllt ein blendender Lichtblitz die feuchtkalte Zelle, als die Tür aufspringt. Auf der Schwelle steht ein Mann von mittlerer Größe und Statur, der ein leichtes, weißes Hemd und eine Robe trägt. Er hat braunes, welliges Haar und ist von goldenen Glanzpunkten umgeben. Bei ihm ist eine Gruppe von Maya-Flötenspielern, andere Maya werfen Blütenblätter auf seine Füße.*

*Er öffnet die Tür meiner Zelle ganz weit. Sie quietscht in den Angeln. »Du hast das Geheimnis gelöst«, sagt er. Dann dreht er sich um und verschwindet mit seinem Gefolge.*

*»Komm mit uns«, fordert mich einer der Flötenspieler in Maya auf.*

*»Wer ist das?« frage ich, rappele mich auf und versuche, diesem rätselhaften Mann und seinem Anhang zu folgen.*

*»Das ist Kukulkan!« teilt mir einer der Blütenwerfer aufgeregt mit, während die Gruppe durch das vergitterte Tor auf die Straße tritt. Es bleibt sperrangelweit offen.*

# 11. Kapitel

Ich erwachte aus meinem Traum, als Dr. Babbitt zur Tür hereintrat. »Merilyn«, rief er, »ich habe gute Nachrichten. Sie sind nicht mehr ansteckend! Das heißt, daß wir sie entlassen können!«

Sofort eilten mir Liz, eine befreundete Spanischlehrerin, und ihr Mann Guillermo zu Hilfe. Auf meine Bitte hin putzte sie mit ihren Kindern mein zweistöckiges Haus von oben bis unten und bereitete den Verkauf vor. Dann kaufte sie Gemüse für mich ein und bereitete die Mahlzeiten für meine erste Woche vor, die sie dann einfror, während ihr Mann mein Auto herrichtete. Andere Lehrer brachten noch mehr Essen vorbei, während einige meiner Schüler Blumen abgaben, die Liz zu wunderschönen Sträußen zusammensteckte.

Ich war überwältigt. Alle waren so nett. Als der Tag kam, an dem ich entlassen werden sollte, schaute Dr. Babbitt früh vorbei, um sich zu verabschieden und den nächsten Termin abzusprechen; ich trug ein hübsches Kleid, das Liz für mich ausgesucht hatte. Während ich mit meinem Arzt sprach, verfrachtete sie meine Sachen nach draußen ins Auto und holte mich schließlich ab. Liz setzte mich in einen Rollstuhl, obendrauf kam mein Plastikspucknapf und die Eisschale, und schob mich dann dort hinaus.

Einige Minuten später trafen wir zu Hause ein. Nachdem ich einen Monat in einem Krankenhausbett gelegen hatte, war es sehr anstrengend, die Treppe zu meinem Schlafzimmer im zweiten Stock hinaufzusteigen. Ich hielt mich am Geländer fest und zog mich Stufe für Stufe nach oben. Liz hatte mein Zimmer geputzt. Es war sonnig und roch nach frischen Blumen. Dann verließ sie mich mit der Ankündigung, zur Mittagszeit zurück zu sein, um eine meiner eingefrorenen Mahlzeiten aufzuwärmen.

Als ich von meinem gemütlichen Doppelbett aus das Zimmer überblickte, fiel mein Blick auf all die Maya-Folklore, die ich gesammelt hatte. Kleine vorkolumbianische Figuren lächelten mich von der Fensterbank an. Eine Aufnahme von Chon mit seinen Pflanzen – die einzige Photographie, die er mir jemals von ihm zu machen erlaubte – hing rechts neben dem Ankleidespiegel.

Am Fuße meines Bettes befand sich eine alte Aussteuertruhe aus Eiche, die mit handgewebten Decken gefüllt war, die ich von meinen vielen Reisen mitgebracht hatte. Außerdem enthielt sie Aufzeichnungen und Geschichten aus meinen Gesprächen mit Chon über das prophetische Träumen der Maya und andere Themen. Obwohl Liz mir befohlen hatte, nur aufzustehen, wenn ich zur Toilette wollte, fühlte ich den Drang, meine Aufzeichnungen zu holen. Ich war nun besonders an seinen Gesprächen über Kukulkan und die Maya-Prophezeiungen für das kommende Zeitalter interessiert.

Mit einigen Schwierigkeiten öffnete ich den schweren Deckel. Die Truhe roch innen nach Holz und Wolle. Unter all den zusammengefalteten Decken fand ich auf dem Boden mehrere große Blöcke mit den *Träumen von Chon*. Ich hüpfte so schnell ich konnte ins Bett zurück, da ich jeden Moment damit rechnete, daß Liz hereinplatzte und mich erwischte. Als ich die zahllosen Seiten durchblätterte, erinnerte ich mich an die enorme Menge von Aufzeichnungen, die ich gemacht hatte. Ich war wie hypnotisiert, als mein Blick auf die wichtigen Themen fiel.

### PROPHETISCHES TRÄUMEN DER MAYA
### EINE ZUSAMMENFASSUNG VON CHONS OFFENBARUNGEN

Der Asteroid Chicxulub:

»Der eigentliche Mutterplanet in diesem Sonnensystem, der intelligentes Lebensbewußtsein ausbildete, war die Venus. Das ist der Grund, warum die Maya diesen der Sonne zweitnächsten Planeten verehren. Die Venus wurde jedoch während ihrer Entwicklung von einem Asteroid getroffen. Dieser Aufprall setzte so viele giftige Gase frei, daß sich die Oberfläche stark erhitzte und dadurch eine Entwicklung organischen Lebens verhindert wurde. Der Schwerpunkt verschob sich dann zur Erde, doch auf dem dritten Planeten entwickelte sich das Leben schon nach einem anderen Muster. Das Bewußtsein, welches wir als Menschen kennen, mußte noch warten.

Vor ungefähr fünfundsechzig Millionen Jahren wurde die Erde nach Berechnungen von Wissenschaftlern, die ständig in dieser Gegend Untersuchungen durchführen, ebenfalls von einem großen Asteroiden getroffen, den wir Chicxulub nennen. Er traf vor der Küste der Yucatan-Halbinsel auf, nicht weit von hier, und seine Ankunft ebnete den Weg für das menschliche Bewußtsein. All die großen Reptilien, die damals die Erdoberfläche bevölkerten, starben durch die Kälte aus, da der Staub das Sonnenlicht verdeckte. Deshalb ist Chicxulub den Mayas heilig, weil er einen großen Segen, aber auch eine große Veränderung brachte.

Das war noch immer lange, bevor der Mensch auftrat. Die

Temperaturveränderungen von Mutter Erde zwangen viele überlebende Kreaturen, Fell auszubilden und ihre Jungen im Körperinneren auszutragen. Endlich entwickelte sich aus diesen existierenden Wesen so etwas wie Menschen, aber der Planet war an vielen Stellen immer noch sehr kalt. Die Kälte kam und ging in Zyklen. Das machte Völkerwanderungen erforderlich.

Die wandernden Proto-Menschen blieben unter der Erde, wenn das Eis zu dick war. Sie jagten gewaltige Tiere, von denen sie sich einen Winter lang ernähren konnten, da das Fleisch durch die Kälte frisch blieb. Größere Wanderungen begannen nach unseren Berechnungen vor ungefähr zweihunderttausend Jahren. Nach einem langen, kalten und windigen Zeitalter klärte sich langsam der Staub, den Chicxulub aufgewirbelt hatte, und die Mutter Erde wärmte sich auf. Später gab es eine große Flut, die durch das Schmelzen von einem Großteil des Eises verursacht wurde.

Während der großen Flut wurden Wasserfahrzeuge gebaut. Einige waren klein, aber andere ziemlich groß. Die Völker reisten, bis sie über dem Wasser liegendes Land fanden, und ließen sich dort nieder. Das war vor ungefähr fünfzehntausend Jahren. Obwohl einige dieser Länder recht hoch lagen, war es bald wieder notwendig, tief in der Erde Unterschlupf zu suchen, da die Wasser immer weiter stiegen.

Schließlich sank das Wasser, und die Menschen kamen langsam hervor und nahmen das Land ein, auf dem sie sich gerade befanden. Daher wurde das Land vor ungefähr zehntausend Jahren, als das meiste Eis geschmolzen war, von den Vorfahren der Menschen urbar gemacht, die man noch immer dort findet, obwohl manche noch auf Booten umherfuhren. Wir, die Maya, ließen uns hier in diesem warmen, tropischen

Bauch nieder, und als unsere Kultur wuchs, begannen unsere Astronomen, die Verwandlungszyklen zu messen, so wie sie bei Chicxulub geschehen waren.«

Der Tzolkin-Kalender:
»Wie ich dir schon gesagt habe, besitzen die Maya einen heiligen Kalender, der Tzolkin genannt wird. Er beginnt im Jahre 3113 vor Christus, in einem Zyklus kollektiver Offenbarung, und endet im Jahre 2012. Für jeden, der den Kalender versteht, läuft er aber eigentlich vom späteren Datum rückwärts zum früheren. Der Grund dafür ist, daß die Maya ausrechneten, der Mensch würde langsam das Bild göttlicher, evolutionärer Erscheinung verlieren, das die Ausgangssubstanz von allem ist, weil er hier nicht wirklich angefangen hat.
Im Jahre 2012 wird der Planet Venus, die Heimat unserer eigentlichen Grundsubstanz, in einer kleinen Sonnenfinsternis genau durch das Zentrum der Sonne ziehen. Das Leben hier wird eine erneute Verwandlung erfahren, gleich jener, die vor fünfundsechzig Millionen Jahren von Chicxulub gebracht wurde. Auch dieses Mal wird sich die Möglichkeit unserer höher vibrierenden Grundsubstanz wieder zeigen.
Während des letzten Katuns, also während des letzten Zwanzigjahreszyklus 1992–2012, wird die Mutter Erde dem Planeten stufenweise ihre Lebenskraftenergie entziehen, um ihm diesen Übergang zu erleichtern. Viele Arten werden ausgelöscht werden. Menschen werden Störungen ihrer sexuellen Energien und ihrer Reproduktionskräfte erfahren. Das Land wird nicht mehr jeden Menschen ernähren können, und viele werden Hunger leiden, was wiederum Aggressionen hervorrufen wird. Sie erleichtern uns von zu viel nicht ernährbarem Leben.

Das ist die Zeit, in der die Leute sich langsam wieder erinnern. Sie erinnern sich an Chicxulub und daran, wie wir hierhin kamen, und an die göttliche, evolutionäre Masse. Jeder Mensch wird dann so handeln, wie es vorgesehen ist. Einige werden sich verschanzen, weil sie hoffen zu überleben. Sie wollen sich mit dem davonmachen, was die anderen zurücklassen, werden aber nur merken, daß sie selbst von Anfang an tot waren. Es wird jene geben, die versuchen, das Leiden des Lebens zu erleichtern, und die dadurch über die Geistwasser große energetische Kräfte gewinnen werden. Und dann wird es jene geben, deren Bewußtsein die Mutter Erde in ihrer Gesamtheit verlassen wird. Sie werden sich auf die Suche nach anderen Welten machen.«

Ich hielt einen Augenblick beim Lesen inne, um zu bedenken, daß ich im Herbst 1992 an den ersten Symptomen der Tuberkulose erkrankte. Ich sah, wie die Sonne am Horizont unterging, und konnte vom Schlafzimmerfenster im zweiten Stock beobachten, wie die Farben zu goldenen Rosen wurden. Ich griff wieder nach meinen Aufzeichnungen und las weiter.

Kukulkan:
»Der Name Kukulkan bedeutet ›gefiederte Schlange‹. Das wird von denen oft falsch verstanden, die die eingeborene Kultur nicht verstehen; sie meinen, es wäre eine Art fliegender Drache. Tatsächlich bedeutet dieses Symbol für die, die es erschaffen haben, eine Kombination aus dem Allerheiligsten mit unglaublicher sexueller Energie. Eine besondere Evolutionslinie entstand, als sich das auf der Venus entwickelnde Bewußtsein an diesen Ort voller Reptilien versetzte.
In diesem Teil der Welt beobachteten wir Erscheinungen die-

ser Energie, die die Gestalt von Uay Kin, des Sonnenwesens, einnahmen und auch die der großen Adlergottheit. Eine vollkommene Erscheinung wurde Kukulkan genannt, was nur zutreffend ist. Die Energie zeigte sich in diesen Ländern, wie sie heute existieren, weit vor dem Jahre 50 nach Christus, sie hielt die Menschen zu friedlichen, landwirtschaftlichen und höchst künstlerischen Werken an. Jedoch wurde sie schließlich durch aufsteigende, gegensätzliche Energien von ihrem Platz über dem großen Teotihuacan gejagt. Als die Erscheinung ging, kündigte sie ihre Rückkehr an. Und so begannen die Prophezeiungen.

Um das Jahr 700 kam eine andere vollständige Erscheinung von Kukulkan zu den Menschen in der Welt der Tolteken und darauf ins südlicher gelegene Land der Maya. Kukulkan kam als Edelmann und Prophet. Er predigte das Ende der Menschenopfer. Die Priesterschaft der Krieger verschwor sich gegen ihn. Sie verängstigte die Menschen mit Geschichten über die schrecklichen Folgen, sollten die Opferrituale ein Ende haben, die doch den Verwandlungsappetit der Gottheit beschwichtigten. Kukulkan wurde aus Tolan, der Hauptstadt der Tolteken, vertrieben und wurde dann ebenfalls von Chichen Itza verjagt, wo er versucht hatte, sich niederzulassen. Kukulkan war der Ansicht, daß sich Leben entwickeln muß, so wie es auch die Götter tun. Die Priester glaubten, daß Leben unabhängig von ihrem Reich erhalten würde, indem es sich selbst verzehrte.

All die herrschenden Edelmänner versuchten, Kukulkan zu töten. Er ging, versprach aber, im »Ersten Jahr des Riedgrases« zurückzukehren, was, wie die Geschichte zeigte, exakt das Jahr war, in dem Cortez hier mit den ersten Booten voller Spanier ankam. Ich habe Geschichten gehört, daß Kukulkan in anderen Kulturen zu unterschiedlichen Zeiten erschienen ist, aber dafür kann ich mich natürlich nicht verbürgen.«

Als ich die Blätter zur Seite legte, fiel mir auf, daß der Inhalt mehr als nur außergewöhnlich war. Diese Träume waren elegant formuliert, kostbar und sehr weitgreifend. Chon ist ein Künstler im Träumen.

Als der Himmel dunkler wurde, hörte ich, wie Liz ihren Schlüssel im Schlüsselloch umdrehte. Schnell versteckte ich meine Blätter unter der Steppdecke, während sie die Stufen hochstapfte, um mich zu begrüßen. Als sie meine Tür erreicht hatte, sah ich wieder vollkommen unschuldig aus.

Am nächsten Tag kauften wir ein paar Sachen ein, die Liz vergessen hatte. Ich fuhr in einem der motorisierten, kleinen Wagen, an denen vorne ein Korb befestigt ist, und begleitete sie so durch die Gänge des Supermarktes. Obwohl es mir äußerst peinlich war, daß ich diesen Wagen benutzen mußte, konnte ich der Versuchung nicht widerstehen, auf die Hupe zu drücken und ihr dicht auf den Fersen zu folgen. Dieses kleine, problemlose Auto zu fahren, erinnerte mich an die Bahren, die man benutzte, um die ausgewählten Opfergaben für den Halach Uinic zu tragen – an das Gefühl, auf den Schultern langsam schreitender Mayas durch den Dschungel zum Palast getragen zu werden. Natürlich erzählte ich Liz nichts von diesen unheimlichen Vorstellungen, als wir diskutierten, welche Käsecracker wir nehmen sollten. Schließlich aßen wir zu Abend, und sie brachte mich wieder nach Hause. Ich konnte mit gefülltem Magen zu meinen Aufzeichnungen zurückkehren.

Das Letzte Zeitalter vor der Sechsten Sonne:

»Wenn du das betrachtest, was in unserer langen Geschichte

geschehen ist, wirst du erkennen, was in Zukunft passiert. Die erste gute Welle wurde vom Ersten Menschen [Schwarzafrikaner] ins Rollen gebracht. Er war der Anreiz für alle Völker, brachte ihre genetischen Fähigkeiten zu voller Blüte, ihr dringendes Bedürfnis zur Wanderung und ihre reproduktiven Kräfte. Der so stimulierte, am wenigsten entwickelte Menschenschlag brachte in aufeinanderfolgenden Eruptionen Zerstörung und Verwüstung, aber diese Perioden stabilisierten sich manchmal und entwickelten sich weiter. Schließlich kam die schlechteste und langsamste Welle von allen: der Weiße Mann, und das war das Ende. Wenn die Mutter Erde die Lebenskraft zurückruft, wird sie wieder beim Ersten Menschen anfangen, der zum letzten Mal kleine Wellen durch seine Art senden wird. In Afrika wird es vielleicht Hungersnöte und Epidemien geben. Vielleicht werden auch Heilige auf diesem Kontinent erscheinen. Möglicherweise wird sich der Weiße Mensch dann für sein Zeitalter auf dem Höhepunkt seiner wissenschaftlichen und geistigen Entwicklung befinden und am Ende schließlich doch etwas Positives beitragen können, um das Ganze zu erleichtern. Aber das ist eine sehr optimistische Sicht.

Während dieser letzten Epoche wird es auch andere große Veränderungen geben. Die Weisheit aller Völker wird ausströmen und bei dem Versuch geteilt werden, eine Brücke durch das Kommende zu schlagen. In der Zwischenzeit werden die Arten vom Angesicht dieser Erde verschwinden. Wissenschaftler werden in den Himmel schauen, um einen neuen Chicxulub vorauszusagen und sich davor zu schützen; gleichzeitig werden Menschen und andere Kreaturen hier auf der Erde an jeder denkbaren Ursache sterben.

Da die weibliche Weisheit die einzige Erscheinung ist, die eine gute Chance hat, nach der Veränderung bestehen zu bleiben, wird es eine Zuwendung zur femininen Seite der Dinge geben, in der Hoffnung, Leben mit dem Lebenserhaltenden zusammenzuschließen. In allen Kulturen werden erleuchtete Frauen hervortreten. Diese Ereignisse werden im letzten Katun, im letzten Zwanzigjahreszyklus des Tzolkin-Kalenders, besonders häufig auftreten. Nach jener Zeit wird ein wahrhaft geistiges Bewußtsein geboren werden, und darauf eine Welt, die bis zur Siebten Sonne die höchste vibrierende Erscheinung in diesem System sein wird, wenn alle Dinge sich wieder mit dem Kreativen Traum vereinen.«

Das Telefon klingelte. Eine Maklerin wollte ein Angebot für mein Haus abgeben. Nachdem ich mit ihr gesprochen hatte, schaltete ich das Schulprogramm an und sah einen kurzen Beitrag über die mögliche Anwendung von Star-Wars-Technologie zur Abwendung sich nähernder Asteroiden, außerdem verfolgte ich ein Special über die mögliche Verbindung zwischen dem Chicxulub-Asteroiden und dem Aussterben der Dinosaurier. Das war der Tropfen, der das Faß zum Überlaufen brachte. Ich konnte die Zeichen einfach nicht länger ignorieren. Etwas Wichtiges geschah gerade, und meine Energie war entscheidend daran beteiligt. Wenn das der Fall war, dann war meine Energie auf höchster Entscheidungsebene gefragt. Ich hatte einen Beitrag zum Ausgang dieser Dinge zu leisten. Ich beschloß, meinem Schicksal zu folgen, mich über die traditionelle medizinische Behandlung hinwegzusetzen und in dem Monat nach Mexiko zurückzukehren, in dem die Bank über das Darlehen dieser Frau entschied. Ich mußte Chon finden, mich auf einer höheren energetischen Ebene mit meiner Krankheit auseinandersetzen und mich diesem schnellen Entwicklungsprozeß aussetzen.

Ich war mir nicht einmal sicher, ob ich ihn überhaupt finden konnte. Ich wollte in Palenque zu suchen beginnen, aber das war eine sehr abgelegene Gegend von Mexiko, und schließlich waren schon zwölf Jahre vergangen. Als ich Chon zum letzten Mal gesehen hatte, trat er gerade in ein anderes Reich über. Vielleicht war er niemals zurückgekehrt. Aber ich spürte, daß dies der Ausgangspunkt war, wenn ich meine Macht einfordern wollte. Und ich wußte, daß es noch einmal einen Kampf um Leben und Tod geben würde. Gerade in dem Moment hörte ich im spanischen Fernsehkanal die Hintergrundmusik für einen Werbespot. Es war »Canción Mixteca«, eins von Chons Lieblingsliedern!

# 12. Kapitel

Das Charterflugzug der Aero Maya nach Palenque wurde gerade aufgetankt, als ich Mexiko-Stadt anflog. Nach einem kurzen Gang durch den Zoll, bei dem mir ein netter mexikanischer Herr die Tasche tragen half, ging ich zusammen mit dem Piloten hinaus zu dem zweimotorigen Flugzeug. Er schien um die Dreißig zu sein und von seiner Herkunft her ein Maya oder Mexikaner. Er fragte mich, ob ich krank gewesen sei. Ich sagte ihm, daß ich gerade eine Tuberkulose überstanden hätte.

Der Flug war relativ kurz. Als wir die Bergregion erreichten, die in den Dschungel einsank, flog der Pilot unter den Wolken, so daß wir die Aussicht bewundern konnten. Der wogende grüne Teppich lag im Sonnenlicht, und tropisches Laub öffnete sich vor uns, hieß uns willkommen. Wir landeten auf einem winzigen Rollfeld. Ich begleitete den Pilot ins Charterbüro.

In meinem Kopf drehte sich alles. Der Dschungel um mich herum wirbelte und wogte. Es war, als ginge ich durch das offene Zentrum eines Wasserstrudels oder durch eine sich bildende Spiralgalaxie. Mein mittleres Auge pulsierte, und meine Ohren summten. Ich rief ein Taxi aus der Stadt, das mich abholen und zu Esmeraldas Restaurant bringen sollte. Nach ungefähr zwanzig Minuten fuhr der Wagen auf den Parkplatz von Antojitos Mayas. Als ich in das Restaurant trat und mich umsah, erkannte ich keine der jungen Maya-Frauen, die dort arbeiteten. Ich näherte mich ihnen und frag-

163

te eine der Frauen, ob Esmeralda da sei. Ich war noch immer sehr unsicher.

»Sie ist in Guatemala«, sagte die junge Frau und beäugte mich wie ein Vogel.

Ich spürte einen Kloß im Hals. Sie war weg. Nie würde ich Chon finden. Meine Energie legte sich, den bevorstehenden Tod widerspruchslos akzeptierend.

»Der einzige, der hier aufpaßt, ist ihr Bruder, der alte Heiler«, fügte sie hinzu. »Soll ich ihn holen?«

»Ja«, schluckte ich.

Die junge Frau ging zu den Hütten auf der Rückseite des Gebäudes. Nach einigen Minuten hörte ich Chon mit seinem Singsang und dem melodiösen Lachen näher kommen.

»Ah! Meine verlorene Merilyn...«

Nun sah ich ihn! Er blieb ein paar Meter vor mir mit einem breiten Grinsen im Gesicht stehen, hob mir herausfordernd den Kopf entgegen. Er hatte sich nicht sehr verändert! Das gleiche breite Lächeln. Auch sein Haar war nicht sehr grau geworden, was aber nicht ungewöhnlich war, da viele Maya noch im Alter von über neunzig Jahren ihr blauschwarzes Haar behalten.

»Du bist zurück! Ist das schön! So ein schöner Tag! Willkommen!« Chon trat zurück und betrachtete mich aufmerksam. Dann kam er, Maya sprechend, auf mich zu. Er klopfte mir auf den Rücken und umarmte mich innig.

Ich wurde ganz steif und taub. Ich war außer mir, wußte nicht, was ich sagen sollte. Ich ließ meine Tasche fallen und starrte ihn einfach an. Ich war so glücklich, ihn zu sehen, daß ich vor Freude fast starb, während mein ganzes Leben vor meinen Augen ablief.

Er lachte. »Tja, ich schätze, du bleibst eine Zeitlang.« Er wandte den Kopf zur anderen Seite und blickte auf den Koffer zu meinen Füßen. »Komm mit in die Hütte und ruh dich aus. Wir können später über alles reden.« Lächelnd führte mich Chon über den baumumsäumten Platz.

Ich traute meinen Augen nicht, als wir zur Behandlungshütte gingen. War es möglich, dachte ich, daß ich wirklich wieder bei ihm war? Ich sah mich um und bemerkte, daß nicht wie früher die Patienten Schlange standen. Das schien mir seltsam, surreal. Chon sah mich an, als erwache ich aus einem Traum. »Ich habe gespürt, daß etwas geschehen würde«, sagte er sanft.

Als er mir den Weg durch die Öffnung in die kleinere Strohhütte wies, fühlte ich die Gegenwart einer anderen Person. Ich schaute angestrengt, bis ich mich an die durchdringende Dunkelheit gewöhnt hatte. Schließlich konnte ich eine Gestalt ausmachen, die abseits hinter aufsteigendem Rauch im hinteren Teil der Hütte in einer Hängematte schaukelte.

»So, so, so...«, rief eine Männerstimme, als sich die Gestalt aus der Hängematte erhob. Ich konnte sehen, daß der Mensch groß war, und die Stimme kam mir sehr bekannt vor. Er schritt durch den Kopalrauch auf mich zu. Als schwache Lichtstrahlen auf ihn fielen, konnte ich eine Figur erkennen. Einen Moment lang wollte ich meinen Augen nicht trauen und wartete, daß sich meine Vision auflösen würde. Aber sie wurde nur noch deutlicher. Ich war vollkommen verwirrt! Dort stand in kupferbrauer Hose und Hemd John Black Crow. Ich wurde ohnmächtig.

Neun Tage zogen verschwommen an mir vorüber. Chon hielt mich mit einer Art pflanzlichem Zaubertrank und Beschwö-

rungsformeln in einem halbwachen Zustand. Wann immer
ich erwachte, gab er mir mehr davon, so daß ich wieder weg-
döste. Ich erinnere mich vage an ihn oder an John Black Crow
oder an alle beide, wie sie über mir stehen und singen. Auch
fiel mir wieder ein, daß ich John Black Crow einmal befahl,
mir zu erklären, was er da mit mir tat, und daß ich als Antwort darauf das gackernde Lachen der beiden hörte.

Als ich schließlich aufstehen durfte, hatte ich riesengroßen
Appetit, und sie brachten mit immer wieder Tabletts, auf
denen sich getrocknete Früchte, geröstete Maiskolben, Avo-
cados, Mangos und Bananen türmten. Es war, als versuchten
sie, mich zu kräftigen. Ich merkte, daß sich auf meiner Brust
eine Art Balsam befand, und ich konnte die aromatischen
Pflanzen in der Hütte riechen. Kopalrauch hing in der Luft.
Ich atmete sehr viel leichter, und das Fieber war abgeebbt. Ich
fühlte mich in einem tiefen, ätherischen Zustand des Wohl-
seins.

Eines Nachmittags brachte Chon einen Teller mit Feigen herein. Ich setzte mich in der Hängematte auf, aß sie und erzählte die ganze Geschichte; was nach meiner mißlungenen Verwandlung in Catemaco geschehen war, wie ich vergewaltigt
worden und aus der Unterwelt geflohen war. Ich schloß meinen Bericht mit der Wiedergabe meiner jüngsten Träume
und mit den mühseligen Wochen der Krankheit und des Aufenthalts im Hospital. Chon blinzelte mich an.

Ein rätselhaftes »Ah, hmmm« war die Anwort.

John kam herein, den Kopf einziehend, und ging hinüber zur
anderen Hängematte. Sein Haar war weißer geworden, aber
ansonsten hatte er sich nicht verändert. Chons neuer Freund,
ein großer, blauer Ara thronte auf Johns Zeigefinger. Der alte
Indianer machte es sich bequem und nahm sich wie immer

Zeit, bevor er zu reden begann. Ich war wiederum bewegt von seinem wunderschönen Gesicht, als er mich aus dem Schatten heraus ansah. Der Ara quietschte zustimmend und flatterte mit den Flügeln. In Zeitlupe flog er auf einen der Dachbalken, von wo aus er auf uns hinuntersah.

»Ich verstehe das alles einfach nicht«, murmelte ich in mich hinein.

»Daran wirst du auch noch lange zu arbeiten haben«, lachte Chon. »Ich denke, als erstes müssen wir dich an den heiligen Ort bringen, wo meine besonderen Pflanzen wachsen, und dich der Energie vorstellen, die darüber wacht. Wir sollten dort dem Erdboden etwas Blut anbieten, in der Hoffnung, daß die Energie uns einen Traum gibt, wie wir sie verwandeln sollen. Dann werden wir den Tempeln einen Besuch abstatten und die Pilze zu uns nehmen. Ich sagte dir, daß das irgendwann einmal sein müsse. Dein freiwillig geopfertes Blut muß im Sud sein, und dann streuen wir den heiligen Puder in eine frische Wunde auf deiner Haut.«

Ich verzog das Gesicht. Chon holte seine Weissagungstafel hervor und leerte das Beutelchen mit Samen und Kristallen auf ihr aus. Er begann zu zählen. Er ordnete die Samen mit einer Geschicklichkeit an, die an das Nußschalenspiel eines Gauklers erinnerte.

»Auch die eingeborenen Völker aus dem Südwesten besitzen Prophezeiungen über diese Zeit«, begann John Black Crow. »Die Erde wird wie ein Kreisel auf ihrer Achse wanken, und die magnetischen Pole werden sich verschieben. Das geschieht in Zyklen. Es ist Verwandlung. Während dieser Zeit ist es von großer Wichtigkeit, daß wir uns in Harmonie mit dem Planeten befinden, so wie es die Aufgabe jeden Wesens ist, wenn die gesamte Schöpfung beginnt, sich mit der Macht dieser Veränderung zu drehen.« Johns Hände machten eine elegante, machtvolle, beschwörende Bewegung.

Chon lächelte verständnisvoll und sah von seiner Weissagungstafel auf. »Du wirst gebeten, ein Tor zu öffnen«, sagte er feierlich.

Den Rest des Nachmittags unterhielt uns John Black Crow mit seinem Flötenspiel, und ich lernte Manik kennen, Chons neues kleines Affenbaby. Ich schlief am frühen Abend ein, wachte aber zwischendurch immer wieder auf und hörte, wie Chon und John die ganze Nacht lang miteinander redeten. Das Ganze wirkte wie im Traum, fast als wäre es in Wirklichkeit ein Außenposten am Rand der Unendlichkeit.

Am nächsten Morgen standen wir früh auf und aßen Tortillas und selbstgemachten Käse, bevor wir uns in den Dschungel aufmachten, um Chons heiligen Ort zu besuchen. Glücklicherweise war er nicht sehr weit entfernt, und es war kein sehr heißer Tag. Chon sagte, es sei sehr wichtig, daß ich dort zu Fuß ankäme. In einiger Entfernung vom Wasserfall erreichten wir ein kleines Wäldchen am Ende eines sich windenden Fußpfades. Dort wuchsen unzählige Pflanzen, und ich war überzeugt, daß Chon selbst sie an diesem Ort angepflanzt hatte.

Am hinteren Ende dieses Wäldchens ragte der obere Teil eines alten, behauenen Steins aus dem Boden. »Setz dich da vorne in die Mitte!« wies Chon mich an, während er eine Kopalurne auspackte und einige Holzspäne für die Glut anzündete. Er legte die rauchende Urne und einige Blütenblätter vor den zum Teil sichtbaren Stein. Der Rauch kräuselte sich langsam nach oben. Er schien die Form einer durchsichtigen Nebelfrau anzunehmen. »Sieh sie dir an!« sagte Chon.

Die Frau wurde zu einer Hexe. »Hab keine Angst vor ihr. Sie

hat viele Gesichter«, flüsterte Chon mir zu. Er saß dicht neben mir und blickte, auf Antworten wartend, in den Rauch. Ihre nebeligen Augenhöhlen wurden tiefer, und ihr Gesicht wurde zu einem zerfließenden Schädel. Dann streckte sie mir den knochigen Kringel eines rauchigen Arms entgegen. Die Finger wehten auseinander. »Gib ihr, was sie haben möchte!« befahl Chon mit halb geschlossenen Augen.

Ich zog eine kleine Obsidianschneide aus der Tasche und schlitzte das Fleisch zwischen meinem Mittel- und meinem Ringfinger auf, wie Chon und John es mir gesagt hatten. Ich hielt die Hand mit auseinandergespreizten Fingern nach unten, so daß das Blut unter mir auf den Boden tropfte. Die Rauchfigur verwandelte sich in eine schreckliche Gestalt, die mich an an das Gemälde »Der Schrei« erinnerte. Schließlich versank sie im Boden, und wir gruben an eben der Stelle ein kleines Loch, in das wir noch mehr Blut tropfen ließen und es mit Staub bedeckten. Nachdem wir uns in Gedanken, mit Ehrerweisungen und brennenden Kopalklumpen bedankt hatten, verließen John und ich das Gehölz. Schweigend gingen wir zusammen zurück, während Chon noch lange Zeit blieb, um »mit dem Ort zu sprechen«.

In jener Nacht schaukelte ich im Dunkeln in meiner Hängematte, lauschte den Brüllaffen, deren Schreie mich nicht störten, und den Vögeln, deren nächtliche Geräusche anders waren, viel schöner. Klein Manik spielte mit meinem Finger und sprang auf meinem Bauch herum, während ich ihn mit Erdnüssen aus der Schale fütterte. Schließlich wickelte er seinen Schwanz um meinen Hals, und wir schliefen beide ein.

Es dauerte einige Tage, bevor Chon wieder davon sprach, zu den Tempeln zurückzugehen und das Ritual mit den Pilzen durchzuführen. In der Zwischenzeit führten John und ich sehr lange Gespräche miteinander – was er selten tat – und nahmen üppige Mahlzeiten in der Küchenhütte zu uns, wir aßen große Mengen von Früchten. Auch gingen wir immer wieder zum Wasserfall, um »ihn singen zu hören«, uns zu erfrischen und den Schmetterlingen zuzusehen.

»Hast du jemals den Trick erlernt, von dem ich dir vor langer Zeit erzählte?« fragte John eines sonnigen Tages, als wir am Ufer des Flusses saßen, und unsere Füße im kalten rauschenden Wasser baumelten.

»Welchen Trick meinst du, John?« fragte ich angesichts seiner umfassenden Unterweisung.

»Zu träumen, daß du ein Tier bist«, antwortete er mit einem nachgiebigen Lächeln auf seinem alten, gebräunten, scharf geschnittenen Gesicht.

»Ach, der alte Trick«, sagte ich ungezwungen.

»Du wirst dich wundern. Sieh mal, dein Jaguargeist ist krank. Du mußt einen anderen finden, der mit ihm kämpft. Versuche, daß dir ein anderes Tier zu Hilfe eilt.«

»Und wie mache ich das?«

»Öffne dich, und sei still. Bewege deine Absicht in das Draußen«, erklärte er und hob die Hände mit einer umfassenden Bewegung. »Dann leg dich auf diesen glatten Stein und schlafe eine Weile. Ich komme später zurück, um nach dir zu sehen.« John stand auf, ging den Fluß hinunter und ließ mich dort allein am Ufer zurück.

Ich gähnte. Ein Schmetterling versuchte, in meinen offenen Mund zu fliegen. Ich pustete ihn weg. Während ich still dasaß, fragte ich mich, was für ein Tier wohl zu mir kommen würde. Die nahen Wasserfälle klangen wie eine kichernde Frau. Langsam wurde ich sehr schläfrig in dieser friedlichen,

170

natürlichen Umgebung und lehnte mein Gesicht an den weichen Stein.

*Mein erwachendes Bewußtsein wird von der kleinen Gestalt einer Eidechse gefangengenommen, die auf dem Stein direkt vor meinem Gesicht Stemmübungen macht. Sie scheint mir vorführen zu wollen, wie sie übt. Wir sehen einander einen Moment lang in die Augen, beide ein wenig verlegen. Sie macht mit ihren Stemmübungen weiter, bevor sie schließlich weghuscht. Derselbe Schmetterling landet nun auf der leicht nach oben gebogenen Spitze meiner Nase, so daß sie juckt. Ich reibe mit dem Finger über meine Oberlippe. Der Schmetterling fliegt wieder weg.*

*Ich höre, daß John Black Crow meine Aufmerksamkeit anmahnt; ich weiß, daß ich träume. Vor meinem Gesicht gibt es eine kleine Lichtexplosion und ein schüttelndes Geräusch. Eine große Klapperschlange sitzt jetzt zusammengerollt auf der glühenden Stelle, sonnt sich auf einem Felsblock mir gegenüber auf der anderen Seite des Wassers.*

*»Was willst du wissen?« fragt sie mich und richtet sich auf; dann senkt sie ein wenig den Kopf und läßt ihre Zunge hervorschnellen.*

*»Wie kannst du mir helfen?« denke ich an sie; mein Kopf ist schwer vom Träumen.*

*Sie rollt sich erneut zusammen, zischt und klappert und richtet sich schließlich wieder auf. »Wenn du dich mit dem Gift anfreunden mußt, wirst du dich sehr oft häuten.« Der Schmetterling landet auf dem Kopf der Schlange. »Die Verwandlung liegt in diesem Symbol.« Die gelben Augen der Klapperschlange rollen nach oben, um den Schmetterling zu betrachten, und bilden ein kleines, goldenes Dreieck. Ein Nimbus erscheint um sie. »Erinnere dich an dieses Zeichen«, sagt die mit dem Schmetterling gekrönte Schlange. »Das ist deine Energie. Sie wird dir gehören und denen, die mit dir gehen. Was die Erde und das weitere betrifft, so kenne ich keine Kreatur, die nicht alles in ihrer Macht Stehende für dich tun würde.« Ein großer, goldener Falke landet auf einem Baum hinter dem Reptil, und die Vision endet mit einem Blitz.*

Als ich wieder erwachte, sah ich John Black Crow im Schneidersitz auf eben jenem Felsblock sitzen.

Ich erzählte John Black Crow von meinem Traum, und er antwortete mir, daß das Gespräch mit der Klapperschlange ein sehr günstiges Zeichen sei, da Schlangen Blut und Verwandlungsweisheit besäßen. Er sagte, der Schmetterling sei ebenfalls ein Symbol der Verwandlung und Auferstehung. Die Krönung der Schlange durch den Schmetterling brachte ihn zum Grübeln. »Welches der erschienenen Tiere könntest du am ehesten in diesem Traum sein?« fragte er feierlich und vermittelte mir den Eindruck, daß meine Wahl von großer Wichtigkeit sei.

»Eigentlich alle, aber ich fühle mich am ehesten wie der goldene Falke. Ich träume oft vom Fliegen und Gleiten«, sagte ich und spritzte mir kaltes Wasser ins Gesicht.

»Ich selber bin auch oft ein Vogel«, sagte John und lächelte anerkennend. »Wenn deine Energie aufsteigt, kann sie sehr heilsam sein. Du wirst eine große Vision haben. Lande nicht zu nah am Boden, lande weit oben. Aber du darfst nicht vergessen zu landen, sonst kommst du niemals zurück. Wenn du jagst, dann mache es so wie die Raubkatze: Sei geschickt, barmherzig und schnell!« Er lief auf einer Reihe von Steinen über den Strom und reichte mir die Feder eines Falken.

# 13. Kapitel

Merilyn«, sagte Chon am folgenden Tag düster zu mir, während er am Tisch in der Küchenhütte Pflanzen säuberte, »es gibt etwas, über das wir sprechen sollten. Du mußt verstehen, daß du nicht richtig geschlafen hast, als du auf die Welt kamst, deshalb hast du diese Träume. Die meisten Menschen erfüllen ihren Zweck durch unbewußte Motivation, aber sie verstehen niemals wirklich, was sie tun. Das ist bei dir aber anders, und wenn du erst einmal begonnen hast, den Schlaf abzuschütteln, kommt er nie wieder ganz zurück.«

»Was willst du mir damit sagen, Chon?« fragte ich ihn mit einem Gefühl der Angst und zog die Knie an die Brust, während ich auf der Bank saß und ihm aufmerksam zuhörte.

»Daß du dich, je höher dein Geist steigt, ein bißchen mehr erinnern wirst, wie ein Falke, der aus der Luft das sieht, was vor ihm liegt und was er hinter sich läßt. Wenn wir zu den Tempeln gehen und zusammen die Pilze verzehren, wird sich dein Geist auf eine Höhe schwingen, die erhabener ist als die Träume, und dann wirst du viel mehr sehen, als du bisher erfahren hast. Du mußt darauf vorbereitet sein.

Ich glaube, daß die Krankheit, die du in dir trägst, im letzten Katun vor Anbruch des neuen Zeitalters von der Mutter Erde freigesetzt wurde. Von dem, was du mir über den Ursprung der Krankheit und ihren Verlauf erzählt hast, deckt sie sich mit der Vision, die ich hatte. Habe keine Angst, dir diesen Teil von ihr anzusehen. Wenn es irgendwelches Wissen zu

173

erlangen geben sollte oder Heilung zu erreichen sein sollte, mußt du gewillt sein, alles mitzumachen. Ich bin mir sicher, daß dein Mut, weiter zu gehen und der Wahrheit ins Gesicht zu sehen, einer der Gründe ist, warum du ausgewählt wurdest, mit dieser Krankheit zu kämpfen.

Es gibt noch eine andere Sache, nämlich deine Verwandlung. Du wirst einen kleinen Einblick in diese Dinge bekommen. Das ist äußerst wichtig, weil es dir hilft zu verstehen, was mit der Welt als einem sich verwandelnden Ganzen geschieht. Wenn du dieses Ritual erlebst, mußt du all das wissen, was ich dir gesagt habe.«

»Werdet ihr beide mit dabei sein?« fragte ich und schluckte.

»Ja. Wir haben den gleichen Weg. Wir gehen miteinander. Wenn du noch mehr Fragen hast, dann stelle sie jetzt in den letzten Tagen vor dem Vollmond. Wenn der Mond voll ist, müssen auch deine Gedanken vollständig sein.«

»Glaubst du, wir finden eine Medizin gegen diese Krankheit, Chon?«

»Wenn ja, dann kommt sie nicht von der Erde und nicht von den Menschen. Davon handelten alle deine Gebete und Opfergaben an meinem heiligen Ort.«

Aus irgendeinem Grund fühlte ich mich nun besser, seitdem ich wußte, daß Chon und John Black Crow vorhatten, die Pilze gemeinsam mit mir einzunehmen. Die Zeit verging, während ich aufgeregt über das Ritual nachdachte und mir vorzustellen versuchte, wie es sein würde. Abgesehen von dieser Neugierde war mein Kopf fast vollkommen leer. Es war mir allerdings nicht vergönnt, sehr lange in diesem freien Zustand zu schweben. Vier Tage später war Vollmond.

Am Tag des Rituals wachten wir alle früh auf. Es war noch dunkel, als Chon in der Küchenhütte den Kräutertee zubereitete. Er hatte uns verboten, an diesem Tag irgend etwas zu essen. Eine unheimliche Stille hing über uns. Sogar der Wind schien still zu sein.

Chon brach vor Morgengrauen auf und ging in die feuchte, bewaldete Gegend ungefähr drei Meilen von den Ruinen entfernt, um die Pilze zu sammeln. John und ich saßen in der Hütte und sahen einander an.

»Was ist die wahre Verbindung zwischen uns, John?« fragte ich ihn über den Tisch hinweg.

Er sah mich über seinen dampfenden Becher hinweg an. »Deine Energie ist nahe daran, diese Welt zu verlassen und über sie hinaus zu reisen. Meine Energie hat die Welt schon verlassen. Ich bin wegen dir zurückgekommen. Es gibt etwas Reines, was wir beide teilen. So sehe ich das. Als ich dich in Arizona zum ersten Mal erblickte, erinnertest du mich an die Reisenden, die vor der Ankunft der Weißen auf der Suche nach dem Geist gelegentlich unser Land besuchten. In den drei Nächten vor deiner Ankunft hörte ich das Heulen des Zuges in meinen Träumen. Du warst es, auf die ich gewartet hatte. Ich fühlte dich schon, als du noch ein kleines Mädchen warst. Das ist der Grund, warum ich damals am Bahnhof stand. Inzwischen weißt du, daß ich dir meine eigene Energie gegeben habe.« Ich atmete schwer, als mir wieder voll zu Bewußtsein kam, wie ich John Black Crow zum letzten Mal gesehen hatte. Seine Augen brannten.

»Zwischen uns gibt es noch eine andere Verbindung, nämlich die Gefiederte Schlange. Das ist eine Geschichte, die viele eingeborene Völker in ganz Amerika miteinander teilen. Sie hat zwar überall einen anderen Namen, aber die Bedeutung ist die gleiche. Manche sagen, die Gefiederte Schlange kam mit dem letzten Teil der Prophezeiungen in dieses Land, das der Rest der Welt noch nicht kannte. Andere sagen, es war ein Wesen, das dem Tod entkam und seinen Körper in Licht verwandelte.

Wie dem auch sei, diese Offenbarungen für ein Volk mit Visionen hätten als das erkannt und respektiert werden sollen, was sie waren. Als andere in dieses Land kamen, hätte es einen Boden für Gemeinsamkeit und Austausch geben können. Aber genau das gab es nicht. Statt dessen versuchten die Weißen, das Wissen der Eingeborenen auszulöschen, und damit zerstörten sie einen Teil der Antwort auf einige ihrer drängendsten Fragen. Sie zwangen die Indianer, eine unbedeutendere Wirklichkeit zu akzeptieren, und stießen das ganze aufkeimende Bewußtsein auf diese Weise ins Dunkle.

Die Eingeborenen behielten im Geheimen ihr Wissen, und jetzt passen alle Teile des Puzzles zusammen, wo sie alle dem Ende nah sind und sich in etwas Neuem bewegen. Wissen, das früher geheimgehalten wurde, wird nun geteilt. Prophezeiungen erreichen äußere Grenzbereiche. Es ist hier von großer Bedeutung, wie die neue Welt sein wird. Die Materie trennt sich vom Geist. Seine Vibration sollte verstärkt, spiritualisiert werden, um ein vereinigtes, verwandeltes Ganzes zu bilden. Das war Kukulkans Offenbarung.«

John dachte einen Moment lang nach. »Du trägst sein Zeichen. Das ist es, was ich sah, als ich dich zum ersten Mal erblickte.«

»Was für ein Zeichen, John?« Ich sah ihn mit großen Augen an und legte voller Verwunderung meinen Kopf schief.

»Ein Licht in der Mitte deiner Stirn. Hier. Ungefähr einen Zentimeter tief.« John langte über den Tisch und berührte

176

mit Daumen und Zeigefinger seiner rechten Hand eine Stelle, die weniger als einen Zentimeter über meinen Augenbrauen lag. Ich wußte instinktiv, daß er und Chon dasselbe glühende Licht besaßen. John Black Crow lächelte mich freundlich an und zog seine Hand zurück.

Am späten Vormittag kehrte Chon von seinem Ausflug in den Wald wieder. Meine Kinnlade fiel herunter, als ich sah, wie groß der Sack war. Es sah aus, als würde Chon einen ganzen Beutel Wäsche mit sich herumtragen. John brach in hysterisches Lachen aus und schlug immer wieder mit der Hand auf den Holztisch. Chon lächelte entschuldigend.

»Merilyn dachte, sie würde ein oder zwei kleine Pilzchen zu sich nehmen«, brachte John hervor, während er nach Luft rang.

»Was glaubst du denn, warum du nichts essen solltest?« fragte Chon und sank ebenfalls mit einem Lachanfall zu Boden. Offensichtlich mußte mein Gesichtsausdruck ziemlich amüsant gewesen sein.

»Also wirklich, Chon, du kannst doch nicht erwarten, daß ich das alles esse!« rief ich, träge zwischen ein paar umherstreunenden Hyänen unter den Mangobäumen stehend.

Chon wischte sich mit seinen wettergegerbten Handrücken die Tränen aus den Augen und klopfte auf seine Wangen, wo das breite Lachen schmerzte. Das Haar fiel ihm über die Ohren. »Diese hier werden gekocht«, versicherte er mir schließlich, schüttelte den Kopf und lachte noch immer in sich hinein.

»Das alles?« kreischte ich. Da fingen die beiden wieder an zu lachen. Ich wurde langsam wütend und machte mich auf die Suche nach Manik. Ich wollte mit ihm spielen, bis sich die beiden gefaßt hatten. Als ich mit dem Äffchen zurückkehrte, versuchten John und Chon, ernst zu bleiben.

»Willst du sie nicht sehen, bevor ich sie in den Topf gebe?«
fragte mich Chon, als backe er Plätzchen.

Ich ging zu ihm und warf einen Blick auf die heiligen Pilze.
Sie sahen ganz anders aus, als ich erwartet hatte – keine großen, bunten Blätterpilze wie bei *Alice im Wunderland.* Diese
hier glichen eher den Schnullerspitzen von Babyflaschen oder
kleinen, schleimigen, halb geöffneten Regenschirmen. Sie
waren graubräunlich mit einem purpurfarbenen Punkt oben
auf ihren konischen Spitzen. Und es mußten ungefähr tau-
sendfünfhundert sein.

»Das sind sie?« fragte ich schließlich. Chon hielt schnell die
Hand vor den Mund, um sich zusammenzureißen, während
John aufstand und sich von den Säcken entfernte, um herz-
haft zu lachen, ohne mich zu stören. Manix wechselte von
meiner zu Chons Schulter. Er wickelte seinen Schwanz um
Chons Hals und versuchte, sich herunterzuschwingen und
einen Pilz zu stibitzen. Sie sahen glänzender und feiner aus als
alle eßbaren Pilze, die ich jemals gesehen hatte. Aber schließlich war ich keine Expertin auf diesem Gebiet. Ich seufzte.

John kam mit einem riesigen, schweren, schwarzen Kessel
zurück. Schnell entfachte er in der Mitte des überschatteten
Platzes unter den Mangobäumen ein Feuer und füllte den
eisernen Kessel ungefähr halbvoll mit Wasser aus der Regentonne. Als das Wasser zu kochen begann, warf Chon riesige
Mengen von Pilzen in die blubbernde Flüssigkeit. Sie kochten
schnell ein, aber er gab immer mehr hinzu, bis sein Sack leer
war. Bald kochte in dem Topf eine zusammengeschmolzene,
klumpige, bräunlichschwarze Masse.

Im Laufe des Nachmittags ging ich öfter zu dem großen Kessel und blickte neugierig und zugleich ängstlich hinein. Die
Masse glänzte so stark, daß sie mich an heißen Teer erinnerte.

Ich konnte sogar sehen, wie sich mein besorgtes Gesicht darin spiegelte. Durch das Einkochen wurde die Flüssigkeit immer dunkler und dicker. Schließlich füllte Chon diese siruppartige Masse in einen Tontopf mit Henkel und verschloß ihn mit einem Deckel. Als er mit dem Kochen fertig war, hatten wir ungefähr fünfeinhalb Liter konzentrierten Zaubertrank.

Chon ging in seine Hütte und holte eine kleine Urne mit Puder heraus; er sagte mir, das sei die gleiche dicke Flüssigkeit, sie sei dünn auf Wachspapier ausgestrichen worden und getrocknet. John war damit beschäftigt, getrocknete Pilze in Streifen zu schneiden und die sehnigen Fasern wie Pfeifentabak in Hirschleder einzuwickeln. Ich hatte noch nie zuvor so viele Pilze auf einmal gesehen.

Am frühen Abend badeten wir alle mit Regenwasser im Zuber. Chon kleidete sich in ein violettes Hemd und eine dunkelgrüne Jeans. Dazu trug er seine Kette aus Jadeperlen und die Ohrstecker. John hatte ein nachtblaues Baumwollhemd und schwarze Jeans an. Um seine Stirn hatte er ein Bandana geschlungen. Sein kinnlanges, dickes, weißes Haar glänzte. Mich beeindruckte die schicke Aufmachung, als sei nackt nicht gut genug für die Welt des Geistes. Ich schlüpfte in eine rosafarbene Bluse aus Waschseide und eine dazu passende Hose und steckte mir den Ohrring mit der Pumatatze an, den John mir vor vielen Jahren geschenkt hatte. Wir blickten einander anerkennend an und schlugen dann den Weg in den Dschungel ein, der entlang dem Strom vom Wasserfall zu den Ruinen führte.

Wir kamen in der späten Dämmerung dort an. Chon trug unser gesamtes Gepäck in gewebten Schultertaschen. Er wies uns an, am Tempel der Inschriften vorbei auf Pacal Votans Palast mit dem Initiationszimmer zuzugehen. Die Gebäude leuchteten hell im Licht des Vollmonds, der schon aufgegangen war. Der Ort war vollkommen still, noch nicht einmal die Nachtvögel und Zikaden hatten zu singen begonnen.

Wir betraten das mittlere Zimmer des Palastes mit den vier besäulten, erhöhten Plattformen. Chon nahm die nördliche ein, und John Black Crow setzte sich auf die westliche. Mein Platz war auf der südlichen Plattform, so wie es an dem ersten Nachmittag gewesen war, an dem mich Chon hierher gebracht hatte. Der Nachthimmel war wie ein dunkles, feierliches Gewölbe über uns. Es würde eine klare Nacht mit vielen Sternen werden.

Chon stieg hinunter auf den Hof zwischen den vier Plattformen und entfachte das Feuer für das Ritual. Als es hell flakkerte, setzte er den Tonkrug auf die Flammen. John Black Crow öffnete einen Pfeifenbeutel und holte eine lange Pfeife aus Rehgeweih und -gebein hervor. Er bot die Pfeife den vier Himmelsrichtungen an und dann der fünften, dem Zenit. Daraufhin stopfte er den Pfeifenkopf.

»Wir machen eins nach dem anderen. Zuerst kommt das Rauchen, dann der Sud und zuletzt das Pulver«, sagte Chon, während er nach dem Topf auf den Flammen sah. Er nahm wieder seinen Platz auf der nördlichen Plattform ein. »Jede Welle wird dich ein bißchen höher tragen. Wenn mehr von dieser Mixtur in deinem Blut ist und deinen Kopf erreicht, wirst du in ein anderes Reich katapultiert werden. Dieses Weiterrücken wird oft von Lichtblitzen begleitet. Du mußt dir immer vor Augen halten, was du suchst. Du wirst sehr, sehr hoch und äußerst weit fliegen, aber es ist von äußerster Wichtigkeit, daß du ans Landen denkst, sonst wirst du nicht zurückkehren, und wir finden hier morgen früh deinen leblosen Körper an dieser Stelle.«

Ich fühlte mich, als wäre ein kalter Stein in meine Magengrube gefallen. John Black Crow zündete die Pfeife an und tat einen langen Zug. Er atmete den Rauch nicht aus. John rauchte eine Weile, stand dann auf und brachte die Pfeife zu mir. Ich paffte. Der Rauch schmeckte irgendwie nach Schmutz. Dann ging ich zu Chon hinüber und reichte ihm die Pfeife. Er füllte den Kopf nach, rauchte ein bißchen und brachte sie dann zu mir zurück. Für jede Füllung, die die beiden rauchten, mußte ich zwei rauchen. Irgendwann ging Chon zur östlichen Plattform und stellte eine fünfzehn Zentimeter große, handgeschnitzte Göttin aus Seifenstein darauf. Er sagte, es sei Ixchel, die Göttin des Mondes und des Wassers. Sie würde uns beim Versinken des Mondes am nächsten Morgen zurückbringen. Er sagte mir, ich solle auf das Geräusch des blubbernden Stromes achten, wenn ich in meinen Körper zurückkehrte. Es würde für mich ein Anhaltspunkt sein, mich wieder in mich zurückzuziehen.

*Langsam bemerke ich, daß das Gejammer der Zikaden schärfer und lauter wird. Es fühlt sich an, als säge oder durchbohre das Geräusch mein Gehirn. Chon kommt zu mir und führt mich zum Feuer in der Mitte, wo er den Topf öffnet. Mit seiner Obsidianschneide ritzt er eine kleine Wunde zwischen Mittelfinger und Ringfinger meiner rechten Hand. Es schmerzt, aber irgendwie fühlt es sich an, als nehme ich es nicht ganz wahr. Das Blut tropft in den Topf. Meine Hand wird verbunden, und ich gehe zurück und setze mich wieder auf die südliche Plattform. Es fällt mir etwas schwer zu entscheiden, welche meine ist.*

*Als nächstes geht der Topf herum. Chon beginnt. Bei jedem Schritt muß man eine kleine Tonkelle hineintauchen und den Inhalt aufschlürfen. Als ich das Gefäß in Händen hatte, bemerke ich, daß vier Wesen daraus hervortreten, eins für jede Rich-*

*tung, sie schmücken die Seiten unter den Tongriffen. Ich scheine mich nicht auf sie konzentrieren zu können. Der Zaubertrank in meinem Mund schmeckt und fühlt sich an wie Dreck. Er ist ganz und gar nicht klebrig, wie ich erwartet hatte. Er hat einen unangenehmen Geschmack, aber es ist nicht so schlimm, daß man ihn nicht herunterschlucken könnte. Ich glaube, Chon hat ein wenig Honig und Blumen zum Süßen hineingegeben. Besonders widerlich ist der Nachgeschmack, der sehr metallisch ist und bei jedem Schluck stärker wird, bis er schließlich alles andere dominiert. Und das Rülpsen! Schrecklich!*

*Ich muß den Trank jedesmal hochwürgen, wenn der Topf herumgeht, aber ich empfinde kein bißchen Übelkeit, nur die Angst vor dem Nachgeschmack. Tatsächlich fühlt sich mein Körper langsam wirklich angenehm an, richtig euphorisch. Ich bin nicht im geringsten müde, wie ich erwartet hatte. Ganz im Gegenteil bin ich freudig erregt und äußerst empfindsam.*

*Ich sehe mir die Umgebung genauer an. Alles ist so intensiv, daß ich nicht aufhören kann, die Dinge zu betrachten. Die rauschenden Bäume scheinen Botschaften zu flüstern. Ich kann das Geklingel des Wassers hören und fühlen, das unter unseren Füßen in der Erde rauscht. John und Chon sehen irgendwie vergrößert aus. Es ist, als bewegten sie sich in glühender Zeitlupe.*

*Chon hebt sein Hemd und schlitzt mit seinem Obsidian eine Wunde in das Fleisch über seinem Herz. Er öffnet die kleine Urne und drückt Pilzpuder in die Wunde. Dann bedeckt er die Stelle mit Papier aus Feigenrinde und massiert den Puder mit kreisenden Bewegungen im Uhrzeigersinn ein. John Black Crow knöpft sein Hemd auf. Er nimmt seinen eigenen Obsidian und macht einen Schnitt von der Mitte seiner Brust bis zum Herzen. Auch er drückt das Pulver in die Wunde und massiert es mit Papier aus Feigenrinde ein.*

Chon kommt mit einer dritten Obsidianschneide zu mir hinüber. Ich schneide zwischen meine Brüste. Das Fleisch dort ist nicht so empfindlich, wie ich gedacht hatte. Ich nehme eine große Menge Puder und drücke ihn in die Wunde. Mit dem Feigenpapier übe ich Druck aus, so daß das starke Bluten gestillt wird. Ich massiere die Stelle und bedecke sie mit Feigenrinde, wie ich es bei den beiden anderen gesehen habe. Zu meiner Verwunderung verschwindet der Puder in der Wunde.

Chon geht auf seinen Platz zurück. Das Feuer scheint intensiver zu werden und wirft ein seltsames, goldenes Licht auf alles. Sein Knistern wird stärker als alles andere, wie ein Strahlen im Hintergrund. Verzückt und entrückt blicken John und Chon in das Feuer. Der obere Teil ihrer Köpfe scheint anzuschwillen, während der untere Teil kleiner wird. Schließlich sehen ihre Schädel wie Glühbirnen aus. Ich sehe, daß ein rosa Leuchten von ihnen ausgeht, und schüttele ungläubig den Kopf. Geistergleiche Schwaden wehen von ihren Scheiteln herüber. Bei jeder Bewegung werden die Töne gestreckt und verzerrt.

Ich kann nicht länger spüren, daß der Stein unter mir fest ist, und doch empfinde ich das Ziehen der Schwerkraft. Wie Kälteschauer beginnen Wallungen, meinen Körper hinauf und hinunter zu wandern. Auch fühle ich die Anziehungskraft des Mondes und sehe zu dem weißen Himmelskörper hinauf. Das Licht wird silbern. Es ist dicht und strahlt. Ich werde wie Dampf in seinen fließenden Strahl hochgehoben. Ich nehme seine glühenden Energielinien wahr und fliege an ihnen entlang auf den Erdtrabanten zu. Immer näher. Höher und weiter. Ich gebe jeden Wunsch auf, mich in meinen Körper zurückzubegeben. Ich bin fast frei. Ich atme schwer und schnell vor Erregung.

Langsam erblicke ich die Oberfläche des Mondes mit seinen Kratern, und dann vernehme ich ein inneres Flüstern, das fragt, *wohin ich gerne fliegen möchte. Mein erster Gedanke ist, auf die Sonne zu. Jetzt spüre ich, wie ich die Richtung ändere und in den schwarzen Raum auf ein Licht in der Ferne zuwirbele, das schnell größer wird und bald unerträglich heiß ist. Ich werde damit zusammenstoßen und verbrennen. Es gibt einen blendenden Blitz, als ich in alle Richtungen fast auf Lichtgeschwindigkeit zu beschleunigen scheine. Die Kraft dieser Bewegung ist so stark, daß ich das Bewußtsein für alle anderen Empfindungen außer der Bewegung und dem Licht verliere.*

# 14. Kapitel

*Ich bin jenseits des Träumens. Die Pilze haben mich zur wahren Gestaltveränderung befähigt. Ich bewege mich mit allem, was ich bin, in Gleichzeitigkeit und Schöpfung. Nach einer Lichtexplosion nehme ich wahr, daß es sich aufklärt, und gehe durch ein schimmerndes, goldenes Oval auf den Ganges zu, balanciere einen hohen Wasserkrug aus Ton mit der rechten Hand auf dem Kopf. Es gibt keinen Abstand mehr. Ich bin in dieser Szene voll und ganz gegenwärtig.*

*Mein Kleid besteht aus einem großen Stück oranger Seide, die um meinen Körper geschlungen und über meiner linken Schulter befestigt ist. Ich laufe barfuß. Während ich gehe, sehe ich nach links und erblicke ein wirbelndes, gelbweißes Licht von der Größe eines Tellers, das auf mich zurast. Ich gehe einen Schritt schneller, denn ich erahne intuitiv, daß dieses Licht mein explodierender* Energy Body *ist und daß ich auf der Stelle sterben werde, wenn er mich berührt.*

*Seine Drehungen verschnellend verfolgt mich das Licht. Ich renne. Es hat mich fast eingeholt, als ich eine kühle, unterirdische Hütte am Ufer des Ganges erreiche. Ich trete hinein und schließe schnell die Tür hinter mir. Ich denke, daß ich sicher bin. In dem Licht, das durch die wenigen Spalten in der Holztür fällt, kann ich viele Wasserfahrzeuge erkennen. Als ich vor Erleichterung tief durchatme, kommt die drehende Scheibe aus dem Nichts und steht wieder über meiner linken Schulter. Sie ist die ganze Zeit dort gewesen! Die Lichtscheibe kommt näher heran und berührt die Haut an meinem Schulterblatt, und ich explodiere in Licht.*

*Zuerst ist da nichts, und dann entsteht das Gefühl, daß Asche langsam auf ein kleines, pyramidenartiges Häufchen rieselt. Nach einem Zeitraum, der wie drei Tage anmutet, regt sich etwas wie ein Lufthauch oder ein Atemhauch in der Asche, und es wird zu Bewußtsein. Mein aufkommendes Bewußtsein geht ohne Schwierigkeiten durch das Holz und die Erde, aus der die Hütte gebaut wurde. Ich steige auf, bis ich frei über dem Ganges schwebe. Ich breite meine Sinne wie Flügel durch die Luft aus und beobachte, wie die Männer und Frauen baden und Wasser holen. Ich lausche der Musik ihrer Stimmen, während ich immer höher über dem Fluß schwebe. In einer erneuten Lichtexplosion blende ich mich aus.*

*Fast im selben Moment bin ich ein Phoenix, der einer ägyptischen Grabstätte entsteigt, eine riesige, adlerähnliche Kreatur aus goldenem Feuer. Als ich vom Boden emporstiebe, nährt der Sauerstoff die Kraft meiner Flammen, und meine großen Flügel schlagen wie ein Blasebalg mit dem Atem von Magnetenergieverdrängung. Unter mir schreiten Menschen in feiner, weißer Leinenkleidung durch den Sand. Ich beobachte, daß das Licht um sie herum stärker wird, bis es wieder einen blendenden Blitz gibt.*

*Das helle Bewußtsein ebbt ab, und ich nehme einen lichterfüllten, kuppelförmigen Raum wahr. Die Wesen hier sind so leuchtend gold, daß ich sie kaum erkennen kann, ich spüre hauptsächlich ihre Gegenwart. Ihre Gedanken klingen wie Stimmen, sie wogen und wallen in meinem Kopf. Sie kommunizieren telepathisch, sagen mir, ich solle zurückkehren, wenn ich meinen Körper vollkommen verwandelt habe. Es sind fremde Engel, die aus einer anderen Welt kommen. Mir wird ein abstrakter Gegenstand aus goldenem Licht gezeigt, in den Symbole geätzt sind. Aus seiner Spitze sprudelt eine Fontäne bunter Energie, sie ergießt sich nach oben wie der Lichtstrahl der Genesis. Es ist die Kraft des himmlischen Crescendo, und sein Wissen wird in mich eingelesen. Ekstatisch explodiere ich wieder in einen Lichtblitz.*

*Licht treibt mich an und geht meinem Bewußtsein voraus, das einen grünen Dschungel erreicht. Ich wundere mich über meinen Standort. Am Rande eines kleinen, bescheidenen Dorfes in Südindien hat sich eine Gruppe zusammengefunden, die dem Prinz Siddharta Gautama Buddha lauscht. Es scheint um das Jahr 500 v. Chr. zu sein, was bedeutet, daß ich einen großen Zeitsprung in die Zukunft gemacht habe.*

*Prinz Gautama hält in seiner Rede inne, um mich freundlich anzulächeln. Er merkt, daß ich mehr damit beschäftigt bin, meine Situation zu begreifen, als daß ich seinen Worten aufmerksam zuhöre. Verstohlen betrachte ich die Menschen um mich herum und konzentriere mich dann wieder auf mich selbst. Jetzt erkenne ich, daß ich ein häßlicher, alter Mann bin! Ungläubig starre ich auf meine Arme und Hände, untersuche sie, als gehörten sie zu einer fremden Rasse. Ich fühle mich fast vollständig in der Form gefangen. Diese Gestaltveränderung ist ein großer Schock für mich, doch die Figur des Buddha fesselt mich so stark, daß ich mich ihm wieder zuwende und seinen Worten lausche.*

*»Du wirst in einem anderen Land für eine Absicht kämpfen, Kleines Affengesicht«, sagt er zu mir, als ich zu seinem Gesicht aufblicke. Sein großer, kräftiger, in honigfarbene Seide gekleideter Körper mit den mandelförmigen Augen und den makellosen, seelenvollen Gesichtszügen, die in der höchsten Kaste Indiens geformt wurden, ist eine aufsehenerregende Erscheinung. »Reinige das Leben!« rät er mir. »Das beste Werk ist, die niedrigen Formen zu verwandeln, bis sie zu den höchsten Formen werden. Versuche, in die Leere des reinen Lichts zu treten.«*

Ich bin ganz und gar eingenommen von den Worten des Gautama, aber er zeigt auf den Wald. Ich möchte den Frieden und die Demut nicht hinter mir lassen, die seine Lehre vermittelt, aber er weist mir, daß anderswo Arbeit für mich zu tun ist. Zusammen mit seinen Pilgern stapft er durch die üppige, blühende, indische Vegetation zum nächsten kleinen Dorf. Ich sitze alleine im Wald. Bald beginnt es zu nieseln. Man kann das Rieseln auf den grünen Blättern hören. Nicht weit entfernt trompetet ein Elefant mit großen Stoßzähnen seinen seltsam schnalzenden Ruf.

Mir wird klar, daß ich nicht dieser kleine Mann bin! Ich bin Energie! Diese Eingebung verursacht in mir grundlegendes Chaos. All die Farben der Umgebung bluten aus wie Wasserfarben im Regen. Ich verzehre mich in einer Reihe von Explosionen. Ich verwandele mich unkontrollierbar! Chons Worte dringen zu mir durch wie eine Leitbake: »Lande oder du wirst nie zurückkommen!«

Der darauf folgende helle Blitz wird zur Sonne, die durch das Blätterwerk des Dschungels scheint. Es ist warm, alles dampft. Ich betrachte meinen Körper. Ich besitze eine dunkle Haut und bin weiblich. »Das fühlt sich richtig an«, sage ich zu mir in Maya. Als ich mich umsehe, merke ich, daß ich mich auf einer Bahre befinde und über einen Pfad durch den dichten Dschungel zu einem Palast getragen werde, der für die Frauen der Opferrituale bestimmt ist. Männliche Opfer müssen immer entweder Verlierer im Krieg oder in rituellen Sportwettkämpfen sein.

Ich liege in einer kühlen, weißen Tunika ermattet auf der Bahre, während ein kleiner Maya-Mann einen langen Bambusstab über mich hält, an dessen Spitze ein runder Palmwedel befestigt ist, der mir Schatten spendet. Ich weiß, daß ich hier bin, um die gängigen Praktiken endlich vollkommen zu verwandeln und zu heilen.

»Wohin bringt ihr mich?« Ich lehne mich hinüber und frage gelassen einen der Maya, der neben mir hergeht.

»Der Halach Uinic hat verlangt, daß du vor Kukulkan gebracht wirst«, erzählt er mir, wobei sein hoher, schwarzer Pferdeschwanz und sein weißer Lendenschurz bei jedem Schritt wippen.

»Bin ich nicht das ausgewählte Opfer des Halach?« fordere ich ihn heraus.

»Doch, Langes Riedgras, aber gestern, am Tag von sieben Tzec, kehrte der Prophet Kukulkan von seiner Unterrichtsreise nach Uxmal zurück. Der Halach bat ihn, hierzubleiben und unsere Stadt mit seiner Weisheit zu beehren. Der Halach Uinic bot Kukulkan an, alles in seiner Macht Stehende zu beschaffen, wenn dieser hier in Chichen Itza verweilen und sie zum mächtigsten Stadtstaat in der Welt der Maya machen sollte.« Der Mann ist vollkommen überwältigt von seinen eigenen Worten.

»Und was hat Kukulkan verlangt?«

»Er forderte ein Opfer«, informiert mich der Mann, als sei das immer schon ein natürliches Vergnügen der Götter gewesen.

»Er verlangte, daß zu seiner Ehre eine Opferung durchgeführt würde?« erkundige ich mich neugierig und wäge mein neues Schicksal ab.

»Nein, er wünscht, daß der Halach Uinic ihm seine höchsten Opferehrungen zur Unterweisung überläßt«, korrigiert mich der Maya.

Unterweisung worin, frage ich mich, während wir uns Chichen Itza nähern. Wir erreichen das Nonnenkloster, wo ich für mich *allein leben werde. Nur der Chuch Kahau wird mich täglich besuchen, er soll mich durch seine hervorragende Kenntnis des heiligen Tzolkin-Kalenders in die Mysterien der zyklischen Zeit einführen. Er wartet in dem aus Stein gehauenem Gebäude auf mich und entzündet eine Wandfackel, als ich eintrete. Ich nähere mich ihm und tauche mein Gesicht in ein Basin kühlen Wassers. Der Chuch Kahau ist Chon in Lebensgröße!*

*»Willkommen, willkommen! Welch schöner Tag!« sagt er und wendet sich mir lächelnd zu. Chon trägt eine weiße Tunika, die ihm bis zum Knie reicht. »Hast du gehört, Langes Riedgras? Hast du schon die Neuigkeiten über Kukulkan gehört?«*

*»Ich vernahm sie auf dem Rückweg von der heiligen Quelle bei der Bolonchen-Höhle«, antworte ich und erinnere mich an den Strudel heiligen Wassers, durch den ich emporstieg.*

*»Was hältst du von seiner Anwesenheit hier?« fragt er.*

*»Es ist ein gutes Zeichen.« Chon lächelt.*

*Während wir uns unterhalten, kehrt eine große Gruppe von einer Reise zum astronomischen Observatorium zurück. Flötenspieler und Blumenwerfer begleiten die Prozession. Der Halach Uinic trägt seinen schönsten Kopfschmuck aus Quetzalfedern, er schwingt eineinhalb Meter über den Köpfen der Menschen. Ich höre, wie er mit einigen aus der Menge die neuesten Fortschritte in Chichen Itza erörtert. In dem Moment teilt sich die Menge, und ein mir vorher unbekannter Mann tritt auf das Nonnenkloster zu.*

*Er sieht nicht aus wie ein Gott. Sein Kopf ist nicht erhöht, und seine Haut wirkt irgendwie blaß. Er trägt wie viele von uns eine alltägliche, weiße Tunika, keinen hübschen, zeremoniellen Schmuck. Trotzdem hat er etwas Besonderes, einen eindrucksvollen Ausdruck in seinen Augen und ein eigenartiges, goldenes Licht um sein braunes, welliges Haar.*

Jetzt tut er das Undenkbare. Er schreitet über die Schwelle zu meinem Zimmer, was die Sitte allen außer meinen Dienern, dem Chuch Kahau, dem Halach Uinic und mir verbietet. Ich finde keine Worte. Er blickt mich im Licht der Sonne, das durch die Türöffnung fällt, freundlich an. Chon tritt in den Schatten zurück.

»Du bist also die Frau, die für die Verwandlung sterben würde?« fragt Kukulkan und betrachtet die durch die Sonne beleuchteten geschnitzten Reliefs auf den Steinwänden.

»Wenn du es verlangst«, antworte ich ehrfürchtig, während ich unter meinem Kleid zittere.

»Ich könnte dir die Wahl lassen«, sagt er mit einer Erhabenheit, die nur ein Gott vermitteln kann. »Wie nennt man dich?«

»Langes Riedgras, Herr.«

»Und warum wirst du so genannt?«

»Langes Riedgras ist stark, weil es der Kraft nachgibt, die es bewegt. Weder bricht es noch wird es entwurzelt, sondern es biegt sich und gestattet so dem Vorbeigehenden, seinen Weg zu verfolgen. Das ist unsere Auffassung von vollendetem Opfer«, antworte ich ihm.

Er lacht mich an. »Denken alle so wie du?«

»Nur ich denke wie ich, mein Herr.«

Kukulkan nickt anerkennend. »Was ich jetzt von dir verlange, ist, daß du meine Fragen über Chichen Itza beantwortest. Ich werde dich jeden Tag rufen lassen. Bist du damit einverstanden?«

»Ich folge deiner Bitte, Kukulkan.«

Dann nimmt Kukulkan mit seinem Maya-Gefolge wieder seinen Weg mit dem Halach Uinic auf. Ich setze mich auf eine Strohmatte. Chon bringt mir einige Früchte, während ich einen Teil meines langen, schwarzen Haares neu flechte. Er läßt sich neben mir auf der Matte nieder.

»Das hast du gut gemacht«, sagt er.

»Was habe ich getan?« frage ich, wobei ich eine Avocado pelle.

»Du warst ehrlich.«


Am Morgen werde ich von einem jungen Maya-Gesandten zum Feld der rituellen Blumen gebracht. Er weist auf die Mitte, um mir zu zeigen, daß ich dort Kukulkan finde. Ich spaziere durch die Reihen von hohen duftenden Lilien, Nelken und Iris. Inmitten eines herrlichen Teppichs von Ringelblumen entdecke ich Kukulkan auf einer Strohmatte liegend, der sich in Licht und Duft aalt.

»Guten Morgen, Langes Riedgras!« ruft er mir zu. »Komm, setz dich neben mich!« sagt er und klopft auf die Matte. Ich knie mich neben ihn. »So eine Schönheit, diese ganzen im Winde wiegenden Blumen, nicht wahr?« Ich nicke zustimmend. »Sag mir, wie viele Götter werden hier in Chichen Itza verehrt?« Er lächelt.

»Wir haben einen ganzen Pantheon voller Götter. Die Hauptgottheit von Chichen ist Chac Mool, der Wassergeist. Wir werden dich natürlich in unsere höchste Verehrung aufnehmen, wo du jetzt hier bei uns wohnst«, erkläre ich ehrerbietig, wobei mir meine Ausbildung in politischer Diplomatie zu Hilfe kommt.

Kukulkan scheint unbeeindruckt. »Die Zapoteken im Nordwesten glauben nur an eine Energie, die verwandelt, aber in allen gegenwärtig ist«, sagt er nachdenklich.

»Ich bin der gleichen Ansicht«, entgegne ich, während der Wind auffrischt.

»Was weißt du von mir, Langes Riedgras?«

»Dein Kommen wurde uns in Prophezeiungen vorausgesagt, die bei den Stämmen im Norden begannen. Du bist ein Gott der Verwandlung, ein Lehrer, ein Heiler und ein Friedensbote.«

»Ich übertrage meine Energie«, antwortet er. »Kennst du dieses

Symbol?« Kukulkan zieht zwei sich schneidende Geraden in den Boden zwischen unseren Matten.

»Das ist das Symbol unserer männlichen Korngottheit Yun Cax«, antworte ich bereitwillig.

»Und was ist mein eigenes Symbol hier?« fragt Kukulkan.

Ich zeichne einen von einem Dreieck gekrönten Kreis unter seine gekreuzten Geraden in den Staub. »Dein Symbol ist der Planet Venus. Sieh hier, das ist die Erde, der Kreis... und hier ist die göttliche Weisheit, die in Form einer Pyramide, dieses Dreieck hier, auf das Leben herunterkommt.« Ich lächele zufrieden, weil ich sein Zeichen richtig erklärt habe.

Auch Kukulkan lächelt. »Jetzt sieh dir die Kombination von allen drei Zeichen an.« Ich blicke auf die Zeichen am Boden.

»Das Ergebnis ist, daß die beiden gekreuzten Linien auf der Spitze des Dreiecks sitzen, so wie in der Heimat meiner Vorfahren Nah Chan [Palenque] die Dachfirste oben auf den Tempeln sitzen. Das ist Prophezeiung. Sieh dieses neue Zeichen. Erhalte eine Vision!« befiehlt Kukulkan.

Ich fixiere das Symbol in meinem Kopf. Es fängt an, in Bedeutungen zu explodieren, es erblüht hinter meiner Stirn. Kukulkan fährt fort: »Dieses wird in der kommenden Zeit viel Kraft zur Veränderung besitzen, zur guten und zur schlechten. Es muß durchgemacht werden. Es wird klären, filtern und reinigen. Nun sag mir, wie kamst du nach Chichen Itza?«

»Ich wurde hierher gebracht. Seher kommen immer aus Nah Chan, so wie die Chuch Kahau immer aus Tikal kommen, wo sie die Kalender erlernen können. Als die Nachricht umging, daß ich aufgetaucht sei, studierte der Halach Uinic, der von hier ist, gerade die Weisheit der Maya-Dynastien in Uxmal, der Universitätsstadt. Er ordnete an, daß ich hierher gebracht würde.« Ich spiele mit dem Stengel einer Ringelblume.

»Wie hat man dich gefunden?«

»Die Priesterinnen vom Tempel der Erinnerer und die Priesterschaft des Jaguars durchforsten die energetischen Reiche auf der
Suche nach einer Frau mit visionären Fähigkeiten und einem
vollständigen, rein energetischen Leib.«

Kukulkan wägt die Situation ausgiebig ab. »Was ist der Zweck
deiner Opferung?« Er blickt feierlich in die endlosen Wellen
wogender Blumen, die golden blitzen.

»Meine eigene Opferung macht den Weg frei für Verwandlung
und Transzendenz. Sie ist eine energetische Entwicklung und
hoffentlich heilsam. Außerdem gestattet sie dem Halach Uinic,
einen Blick in die Mysterien von Energie und Geist zu werfen.
Meine Belohnung ist meine spirituelle Identität und meine
Energie.«

Kukulkan denkt einen Augenblick lang nach. »So verlockend
das für den Halach Uinic sein muß, verdient er denn überhaupt
so eine Offenbarung, ohne sie aus seinem eigenen Herzen heraus zu suchen, indem er sich selbst opfert? Kann er, indem er
absichtlich das Leben eines anderen Menschen opfert, in die
höheren Reiche gelangen, die er sucht? Alles, was dein Opfer für
ihn tut, ist nur die Andeutung der Existenz von Bewußtsein und
Energie jenseits des Todes. Sofern er nicht den Wert eines geop-
ferten Lebens erkennt – die große Nächstenliebe, die Opferung
des eigenen Lebens –, wie kann er dann auf höhere Pfade gelangen?« Er sieht mir fest in die Augen.

Ich halte inne, um nachzudenken. Ich riskiere, ihm meine wahren Gefühle mitzuteilen. »Ich glaube, daß man vieles aus einer
Opferdarbringung lernen kann, aber daß man sich letztendlich
selbst verwandeln muß. Man muß die Arbeit selbst erledigen,
nicht durch andere Energie heranziehen. Außerdem gibt es noch
den Wert, Leben zu verschonen oder es hervorzubringen.«

*Kukulkan scheint von meiner Ehrlichkeit berührt zu sein. »Das einzige Opfer, das der Größten Energie und dem Geist gleichkommt, das einzige, das wert ist, dargebracht zu werden, ist die Selbstopferung. Das ist das einzige Opfer, das die Welt heilt, den Geist hervorbringt und eine Harmonie der Energien herstellt, die zur Erschaffung von Leben benötigt wird. Es ist das Opfer, das als etwas Höheres wieder auftaucht. Bedenke, was du erreicht hast im Vergleich zum Halach Uinic! Du wirst in Energie aufgehen! Du wirst mit der Glückseligkeit und der Liebe verschmelzen, die da draußen auf dich wartet! Er hingegen wird gejagt, erlegt werden.«*

*Neugierig sieht Kukulkan mich an. »Dieses Wissen durchdringt tief alle Ebenen der Energie. Du kannst nicht aufsteigen, ohne dich damit zu beschäftigen. Jede aufsteigende Energie muß sich für etwas Größeres opfern. Was geopfert wird, ist am wichtigsten. Energie sollte frei sein: ein fliegendes, verschwindendes und zurückkehrendes Spiralwesen; munter und im Überfluß vorhanden, eine unendliche Explosion; eine ewige, wogend gefiederte Welle blendender Farbe, der Tanz von Liebe und auf sie bezogener, reiner Kraft; und die grenzenlose Vibration der Sphären. Die Menschheit erkennt nicht. Sie ist wie eine eiskalte Brust ohne Milch. Oberflächlich. Und immer fordert der Mensch Bezahlung ein. Wer gab ihm das Recht, für etwas Geld zu verlangen, das er nicht erfunden hat? Du mußt jetzt wissen, was ich andeute. Wenn du dich selbst schenkst, wirst du eine Wahl haben. Du wirst nicht auf irgendeine grausame Weise genommen werden. Wenn dein Opfer für Verwandlung ist, wird Energie sie möglich machen.« Kukulkan hält einen Moment lang inne, um einen Schmetterling zu betrachten. »Die Maya besitzen eine göttliche Prophezeiung über das Ende dieses Zeitzyklus, stimmt das?«*

»Wenn du vom Tzolkin-Kalender sprichst, Herr«, antworte ich, »und Genaueres darüber wissen möchtest, da besitzt der Chuch Kahau viel mehr Wissen als ich.«

»Die Prophezeiung ist einer der Gründe, warum ich hier bin«, versichert mir Kukulkan sanft. »Ich werde mit ihm darüber sprechen. Ja. Dies ist eine Zeit, in der die Menschen wieder die Energie erblicken müssen und Botschaften brauchen, wie sie leben sollen. Langes Riedgras, du hast die Möglichkeit, daran teilzunehmen.« Kukulkan schien in seinen Offenbarungen vollkommen aufzugehen. »Das ist die Freiheit, die ich meine.« Seine Augen waren durchdringend.

Seine Vision verzaubert mich. Kukulkan liegt auf dem Rücken. »Freiheit für jeden?« frage ich schließlich. Ich lasse mich fallen, lege mich ebenfalls auf die Matte und blicke gedankenverloren in den Himmel.

Kukulkan lächelt wissend, das Gesicht dem Himmel zugewandt. »Zuerst hoffentlich die Verwandlung. Dann, wie immer, jeder nach seinen Werken und nach seinem Herzen.« Wir bleiben auf dem Rücken liegen und beobachten die sich auftürmenden weißen Wolkenberge, die schweigend vorüberziehen.

# 15. Kapitel

*In den nächsten Tagen kommt Kukulkan den Bitten des Halach Uinic nach und beseligt ihn mit Prophezeiungen für Chichen Itza. Unser Ort wird nicht fallen wie die anderen, sondern als glänzendes Relikt unserer Kultur bis weit in das neue Jahrtausend hinein fortbestehen und aufglühen. Das hängt natürlich von mehreren Bedingungen ab: von der Abschaffung aller Menschenopfer, Sklaverei und Folter.*

*Der Halach scheint von diesen Ideen fasziniert zu sein. Chichen Itza unterscheidet sich schon von anderen Stadtstaaten der Maya, indem sie nicht von einer königlichen Dynastie regiert wird, sondern von einer Gruppe dreier Brüder, Edelmänner und Krieger, die die einzelnen Parteien vertreten. Der Halach kann vorhersehen, wie diese zusätzlichen Reformen aus Chichen einen ewigen Stern im Reich von Yucatan machen werden.*

*Doch seine kriegerischen Brüder teilen seine Überzeugung nicht. Beide hegen Eroberungspläne, und sie stellen die Mehrheit dar, obwohl der Halach Uinic das älteste Mitglied dieses regierenden Trios ist. Diese beiden Geschwister verschwören sich gegen Kukulkans Reformen und beziehen die ehrgeizigen opfernden Priesterschaften, die »Scharfen Messer« und das »Haus der Fledermäuse«, mit in ihre Pläne ein. Die geheimnisvolle Priesterschaft des Jaguars, die Chilam Balam, und die Priesterinnen des Tempels der Erinnerer stellen sich hinter den Halach Uinic und Kukulkan.*

*Eines Nachmittags besucht der Halach Uinic das Nonnenkloster, während ich alleine bin. Er trägt einen kleinen Kopf-*

schmuck aus Stroh und Federn, eine weiße Taillentunika und Sandalen. Er kommt herein und setzt sich an meinen Tisch. Er scheint sich einige Gedanken über die politische Intrige zu machen. »Dieses Jahr werde ich am Tage von Chac Mool auf das Opfer verzichten, das mir gebührt«, stößt er rebellisch hervor und erwartet, daß ich ihm dafür dankbar bin. »Ich hoffe, daß dies die neue Ära einläutet, von der Kukulkan spricht.«

»Das wird eine sehr eindrucksvolle Entscheidung sein«, sage ich ehrfürchtig. »Du glaubst also, daß die moralischen Vorteile das Risiko tragen?« Ich umfasse die Kante des Holztisches.

»Ja, das besagt Kukulkans Vision.«

»Der Preis für diese Vision könnte sehr hoch sein. Bist du gewillt, ihn zu zahlen?« Der Halach starrt mich an, ohne zu antworten. »Das könnte vorteilhaft für dich sein, aber nur, wenn du es bis zum Ende sehen kannst.« Ich spüre Sympathie für ihn. »Ich bin daran gewöhnt, für meine Ideale mit meinem Leben zu bezahlen. Du nicht.«

»Ich hoffe, doch. Es ist von großer Tragweite für die Maya. Außerdem hoffe ich, daß du schließlich anerkennen wirst, wie sehr ich dich verehre«, sagt er voller Zärtlichkeit. Ich bin zu Tränen gerührt.

»Ich begehre dich seit dem ersten Tag, an dem du zu mir gebracht wurdest. Du bist der einzige Mensch, der meine Seele besänftigt.«

Ich fließe in wogender Traurigkeit, von Ehrfurcht ergriffen. Seine unerwartete Demut überwältigt mich. Ich gehe um den Tisch herum, lege meine Hände auf seine Schultern und tröste ihn. »Obwohl man uns als Erzfeinde betrachtet, habe ich doch immer den Unterschied zwischen der Rolle und dem Mann gesehen, und ich habe gehofft...« Ich kann das Unmögliche nicht aussprechen.

*Er geht, ohne ein weiteres Wort zu sagen. Ich stehe vor meiner Tür und sehe, wie schwere Regenwolken über den Himmel treiben. Der starke Wind bläst durch die Einwohner von Chichen, als seien sie hohle Grashalme. Eine geistergleiche Vorahnung schwebt über unserem Land. Ich meine zu sehen, wie der Halach Uinic mich aus jeder dunklen Ecke anstarrt. Er verfolgt mich mit seinen traurigen Augen, während ich mit Kukulkan sprechend durch die Stadt laufe.*

*»Ich verlasse euch bald«, sagt Kukulkan zu mir, als wir am nächsten Morgen zusammen spazierengehen. »Aber das ist nicht wichtig. Was von bleibendem Wert ist, wurde schon in Bewegung gesetzt.«*

*Ich versuche, meine Ängste aus dem Weg zu räumen, indem ich schweigend neben Chon sitze. Geduldig erwarten wir den Tag der Opferung, an dem der Halach Uinic seine Erklärung abgeben will.*


*Zur Opferung am heiligen See von Chac Mool rauschen die Maya vom Lande wie Flutmassen in die heilige Stadt. Den ganzen Morgen laufen quirlige Menschenmassen am Nonnenkloster vorbei. Die schmalen Verbindungswege zwischen den Tempeln, Straßen und Höfen, normalerweise offen und leer, sind heute gefüllt mit raschelnden Füßen. Man plant, die Tempel in Zukunft sehr hoch zu bauen, um dem immer größer werdenden Zufluß der Pilger in die Stadt an Hohetagen Herr zu werden und dabei den ansässigen Teilnehmern des Rituals noch ein Minimum an Privatsphäre zu bewahren.*

*Als die Kapazitäten der Stadt schließlich erschöpft sind, wird die Straße zum heiligen See von Chac geräumt und mit Blumen bestreut. Die Priesterschaften der Scharfen Messer und vom Haus der Fledermäuse der Halach-Brüder säumen den Weg zu* beiden Seiten vor den Massen stehend. Die Priesterschaft des Jaguars bildet einen Ring um das Wasser.

Eine Gruppe von Sängern trifft ein, um ein Ständchen zu bringen und mich zum Wasser zu begleiten. Ich trage eine schlichte, weiße Tunika, und mein langes Haar ist in zwei Zöpfen um meinen Kopf gewunden. Chon begleitet mich, und wir unterhalten uns; die Menschen singen, als wir an der Sternwarte vorbeikommen.

»Mach dich auf alles gefaßt«, sagt Chon. Wir verhalten uns normal, nicken der Menge zu, während wir vorbeigehen. Ich versuche, verzückt dreinzuschaun. Die Straße zieht sich lang und schmal hinunter. Als wir am See ankommen, ist der Halach Uinic mit seinem schönsten und größten Kopfschmuck aus grünen Quetzalfedern schon da. Er deutet uns, ans Ufer des Sees zu kommen, und wir treten vor.

Er ergreift mein Handgelenk und hebt es für alle sichtbar in die Luft. Die Menge hält den Atem an, erwartet, daß er nun anfängt, meine Hände zusammenzubinden, damit er mich in die Tiefe werfen kann. Ein Wind kommt auf.

»Hier beginnt unsere neue Welt! Dieses Opfer hat nun ein Ende. Sie lebt!« ruft er laut und gibt meinen Arm frei. Die Menge ist verwirrt. Bevor der Halach dem Volk noch Kukulkans Vision nahebringen kann, drängen die zwei rivalisierenden Priesterschaften drohend nach vorn und versperren den Weg. Ich werfe Chon einen heimlichen Blick zu, der die Menge beobachtet, um deren Stimmung abzuschätzen. Plötzlich teilt sich die Menschenmenge noch einmal.

»Tretet zurück! Es ist Kukulkan!« ruft jemand. »Tretet zurück!«

Die Leute sind still und voller Ehrfurcht, während sich der Umriß des Gottes langsam von der Masse abhebt. Ich atme tief *ein und greife nach Chons Hand. Es ist Kukulkan, seine Arme sind auf dem Rücken zusammengebunden, er wird von Kriegern mit Speeren vorwärtsgestoßen; ihm folgen die Ältesten der Scharfen Messer und des Hauses der Fledermäuse. Nun tauchen bewaffnete Mitglieder ihrer Priesterschaften aus dem Dschungel auf und umringen den See. Sie ergreifen den Halach Uinic. Überrascht fliehen die unbewaffneten und mittlerweile hilflosen Mitglieder der Priesterschaft des Jaguars in den Dschungel. Die Masse zittert vor Angst.*

*Der Halach Uinic blickt mich mit gebrochenem Herzen an. Priester der Scharfen Messer stoßen ihn auf Anweisung der zwei untergeordneten Halach-Brüder zu Boden und enthaupten den Halach Uinic auf der Stelle mit einer scharfen Obsidian-Sichel. Sie heben seinen blutsprühenden Kopf an den Federn zum Himmel hoch, schreien Kukulkan an und bedrohen ihn. Der ältere der kriegerischen Brüder hebt den geschnitzten Befehlsstab aus dem Staub auf und hält ihn hoch, die Position des toten Bruders beanspruchend. Die Menge ist entsetzt und im Begriff, sich aufzulösen. Ich leide Höllenqualen und schreie. Kukulkan wehrt sich nicht, und die Priester stoßen ihn zurück durch das Gedränge, seinem Schicksal entgegen.*

*Eine riesige Karawane hat sich gebildet, die Kukulkan zur Küste begleitet. Soldaten der zwei gegnerischen Priesterschaften wandern mit dem nun regierenden Krieger-Halach auf einer Bahre schnell durch das Buschwerk, das unsere Küste säumt. Sie stoßen Kukulkan gnadenlos durch das dornige Gestrüpp, das ihn immer wieder sticht. Chon und ich folgen am Ende der Prozession. Die meisten der bäuerlichen Maya sind sprachlos. Sie sind gegen diese Unterjochung eines Gottes und wollen dagegen aufbegehren, aber sie haben Angst und sind nicht organisiert. Einige fangen an, die Vorgänge zu rechtfertigen, indem sie sagen,* andere Götter müßten an diesem Sturz beteiligt sein. Im Moment scheint sich niemand zu große Sorgen über uns zu machen.

Als wir den Ozean erreichen, wird schnell ein schwimmender Scheiterhaufen errichtet. Kukulkan gestattet ihnen, ihn daran festzubinden. »Ich werde zu euch zurückkehren«, sagt er zu den versammelten Maya, als die Krieger ihn anbinden. Er erblickt mich, wie ich unbemerkt aus der Menge zu ihm schaue. »Haltet im ersten Jahr des Riedgrases hier, wo ihr mich heute verlaßt, nach mir Ausschau.« Ich kämpfe mich durch die Menge zu ihm durch. Ein Soldat, der Wache steht, ergreift mich und dreht mir den Arm um. Sie zünden den Scheiterhaufen an und werfen Kukulkan ins Wasser. Ich wehklage.

Der brennende Scheiterhaufen hüpft auf den Wellen auf und nieder, und bald können meine tränenvollen, unerschrockenen Augen den furchtbaren Anblick nicht mehr ertragen. Und dann explodiert der Scheiterhaufen in einer Stichflamme, wie sie noch niemals gesehen wurde. Ich bin von dem lodernden Feuer gebannt, seine Kraft hat mich zurückgeworfen und von den anderen getrennt. Das Feuer der Verwandlung brennt sich in die Essenz meines Seins, versengt meine Stirn und jede Zelle meines Körpers mit Kristallnadeln. Die Menge, die den flakkernden Scheiterhaufen verfolgt, ist verwirrt und verzückt. Auf aller Lippen liegen Laute der Verwunderung. Schließlich werden sie weniger, ebben völlig ab.

Das blendende Licht wird zu weicherem Sonnenlicht, das durch eine steinerne Fensteröffnung fällt. Ich bin weitergetragen worden. Eine leichte Brise und ein sich sanft einwickelndes Gemurmel vom glitzernden, türkisen Ozean unter den weißen Klippen bilden eine ätherische Atmosphäre. Ich bin transparent und sehe im wogenden Lichtstrahl aus dem Fenster. Auf der sanften

202

*See, wo ich zuletzt Kukulkans Scheiterhaufen explodieren sah, fährt nun Chon in einem Kanu durch die geistigen Wasser von einer der Schwelleninseln, nicht weit von der Küste entfernt. Dann kommt er mit großer Geschwindigkeit durch den weißen Treibsand und die flach abfallende Seite der Klippe hinauf auf unsere Hütte zugelaufen.*

*»Ich habe große Phantomboote gesehen«, erzählt mir Chon, als er am ganzen Körper glänzend hereinkommt.*

*»Wo sind wir?« frage ich.*

*»Wir sehen an einem Ort zwischen den Welten an der Geschichte vorbei. Wir reisen zwischen Lichtbändern.«*

*»Wollen sie anlegen?« frage ich.*

*»Sie scheinen nach Norden zu steuern«, antwortet Chon. »Sie segeln wahrscheinlich auf den Küstenstreifen zu, der der Hauptstadt der Azteken am nächsten ist. Sie wirken wie eine Welle von Geistern.«*

*Das erscheint mir vollkommen logisch. Momentan regieren also die Azteken. Sie sind nicht annähernd so kultiviert wie die Maya, sondern gnadenlose Kämpfer. Sie besitzen einen Kalender, der auf unserem Tzolkin-Kalender basiert, doch ihr Neid auf unsere Leistungen trübt ihr Verständnis. Ihre brutalere Version endet mit dem dritten prophezeiten Kommen von Kukulkan im Jahre des Ersten Riedgrases, was jetzt ist. Das ist fast fünfhundert Jahre vor dem wahren Ende des Maya-Tzolkin, der noch ein viertes Kommen und den Anbruch einer Ära vorhersagt, die »Die sechste Sonne des reinen Bewußtseins« genannt wird.*

*Wir fangen an, dieses Zeitalter zu beobachten, als sähen wir einen Film der Zeit an uns vorbeiblitzen. Aztekische Kaufleute kommen und flüstern den Dörflern zu, unter den Menschen auf den Booten sei jemand, den sie wirklich für gottgleich hielten. Er* ist ihr Anführer. Ein bärtiger Weißer, bekleidet mit harten, glänzenden Schuppen, der sich, wenn er will, von dem großen, schnaubenden, vierfüßigen Biest trennen kann, mit dem er eine Einheit bildet.

Da er im Jahre des Ersten Riedgrases ankommt, glauben viele Azteken, er sei Kukulkan oder Quetzalcoatl, wie sie ihn in ihrer Sprache Nahuatl nennen, der in der prophezeiten Erscheinung eines Kriegsgottes Rache üben will. Sie wissen nicht, wie sie reagieren sollen. Wird er ihnen Verderben bringen? Werden sie das Risiko eingehen und es wagen, noch einmal eine Gottheit zu töten?

Wir sehen ihren Kaiser Motecuzoma, der dem Mann wiederholt Opfergaben von Gold und wertvollen Juwelen schickt, damit er das Land verlasse. Als diese Fremden von der Küste aus landeinwärts reisen, schließt sich ihnen eine Welle von Eingeborenen an und marschiert unter dem Banner dieses neuen Gottes. Die Azteken sind sehr unbeliebt. Als die Eindringlinge die Randbezirke von Tenochtitlan erreichen, bleibt Motecuzoma keine andere Wahl, als ihnen den Zugang zu gestatten und ihnen ehrerbietig zu sein. Aber er weigert sich, dem Anführer, den man für Kukulkan hält, sein Lager mit den Schätzen zu zeigen.

Dann geschieht etwas Aufsehenerregendes: Die Bewohner der gesamten Landmasse beobachten zwei himmlische Zeichen. Zuerst gibt es eine vollständige Sonnenfinsternis, auf die einige Nächte später ein unheimlicher Komet folgt, der im dunkler werdenden Abendhimmel zu verharren scheint. Er besitzt einen großen Kopf und einen langen Schweif und sprüht später Funken, als er durch die Schwärze des Nachthimmels stiebt. Die besten Astronomen der Zapoteken, Maya und Azteken versuchen, das Zeichen zu deuten.

Die Azteken spüren intuitiv, daß sie die Absicht der Neuankömmlinge vollkommen falsch eingeschätzt haben. Inzwischen steht fest, daß die Ankunft dieses Wesens, was auch immer es sein mag, für ihre Welt tödlich sein wird. Sie verstecken ihre Schätze und fechten schließlich einen blutigen Kampf darüber aus, bei dem fast jeder Azteke, jeder Mann, jede Frau und jedes Kind in der Stadt, ihr Leben lassen.

Der Español, wie er sich nennt, ein angeblicher Gott und Eroberer der Azteken, dieses vollkommene Gegenteil von Kukulkan, ist Hernan de Cortez: ein Dämon, der im Jahre des Ersten Riedgrases erscheint und der seinen Lakaien, Pedro de Alvarado, in den Süden geschickt hat, um die Maya zu erobern.

Als die zweite Welle der Eindringlinge mit ihren Tieren eintrifft, überschreiten Chon und ich die energetische Schwelle und nehmen unmittelbarer an dieser Wirklichkeit teil, die eine Art astraler Hölle zu sein scheint. Wir bestaunen diese Menschen. Sie tragen Rüstungen, die schwer und laut sind, und ihre Körper stinken darunter. Ihr Atem riecht faul, weil sie saures Fleisch essen. Sie sind dünn, blaß und haben behaarte Gesichter. Ihre Tiere hingegen sind schön, glänzend und wunderbar, groß und erhaben, stark und temperamentvoll.

Sie ziehen mit ihrer zerlumpten Bande in die Stadt Tulum ein, beschimpfen die Bevölkerung und verlangen zu erfahren, wo sie noch mehr von dem gelben Metall finden können. Sie schreien in gebrochenem Aztekisch. Die gesamte Stadt ist besetzt. Der örtliche Herrscher wird in seinen Gemächern gefangengehalten. Er sagt ihnen in seinem Maya-gefärbten Aztekisch, daß es in der Stadt kein gelbes Metall mehr gäbe. Alles, was sie besaßen, hätten sie vor langer Zeit verkauft.

Die Besatzer machen die Menschen zu Sklaven. Zur Entlastung der Tiere müssen die Maya ihre schweren Truhen schleppen.

Menschen werden über die Lage antiker Städte verhört und gefoltert, wenn sie ihr Wissen nicht preisgeben. Diese Schrecken halten an, bis die Invasoren fürs erste zufriedengestellt sind und auf der Suche nach weiterer Kriegsbeute von dannen ziehen. Sie drohen, zurückzukommen und ihre eigene Regierung einzusetzen, der sich alle werden unterwerfen müssen.

Die als nächstes eintreffende Invasion von Españoles unterscheidet sich äußerlich von diesen Kriegern. Fast lasse ich mich täuschen, aber im Grunde sind es dieselben Teufel. Sie tragen braune Kleider mit Kapuzen und halten die gekreuzten Stäbe, die Kukulkan voraussah. Die Padres, wie sie sich nennen, haben das Land der Maya durchkämmt, um heilige Bücher zu konfiszieren und zu verbrennen. Als Chon von dieser unglaublichen Tat hört, versteckt er über zweihundert Bände unter einer Falltür in der kleinen Hütte, die wir bewohnen.

Die Dorfbewohner gehen, abgesehen von den gefangengenommenen Männern, den neuen Eindringlingen mit feindseligem Blick entgegen, um sie zu begrüßen. Als Zeichen ihres guten Willens teilen die Padres an alle Dorfbewohner gewebte Decken aus. Sie erzählen, daß sie eine Gemeinschaft errichten wollen und daß die Dorfbewohner ihren Gott Jesu Cristo annehmen sollen.

Als nächstes bauen die Padres ein Gebäude aus Holz mit ihren gekreuzten Stäben obenauf. Sie beobachten die landwirtschaftlichen Methoden und erzählen den Menschen vom Buch ihres Gottes. Während ihres Aufenthalts hören wir aus anderen Landesteilen viele Gerüchte über diese Menschen und über die Krankheit, die ihnen auf den Fuß folgt. Dann brechen bei einigen der Maya aus dem Dorf eiternde, offene Wunden aus.

Zuerst werden nur einige Menschen krank, aber schnell verbreitet sich die Krankheit über die gesamte Bevölkerung von Tulum.

Sie geht nicht vorüber, statt dessen wird der Körper immer stärker mit häßlichen, nässenden Beulen überzogen. Sie sind sehr schmerzhaft und werden von hohem Fieber begleitet. Niemand weiß eine Erklärung.

Nach dem ersten Todesfall holt Chon seine medizinischen Dämpfe und Kräuter hervor und versucht, sie zu heilen, aber er kann die Verbreitung der bösen Krankheit nicht aufhalten. Wir experimentieren weiterhin mit neuen Behandlungsmethoden, während die Menschen um uns herum wegsterben.

Ich trete in eine dunkle Hütte, wo ein alter Mann im Sterben liegt. Durch die tief hängenden, wogenden Schatten kann ich ihn wimmern sehen, und in der luftleeren Energie hängt ein kranker, unbeweglicher Geruch wie Schwefeldampf. Auf den Feldern draußen arbeitet niemand mehr, und die Padres verbringen ihre gesamte Zeit in dem hölzernen Bau, wo sie das Buch von Jesu Cristo lesen.

»Wird er sterben, Chon?« frage ich leise flüsternd. Der Mann gibt seinen Geist auf. Chon fächelt ihm Kopalrauch zu. Dann gießt er kleine Schlückchen einer heißen, gelben Kräuterbrühe in den offenstehenden, stöhnenden Mund.

Chon hockt sich hin und dreht sich mit einem müden, besorgten Gesichtsausdruck zu mir um. »Das ist mehr als nur der Tod. Es ist jenseits von Hexerei und einfacher Bösartigkeit. So etwas habe ich noch niemals gesehen. Es ist ein zweiter Tod. Der Himmel weiß, was diese Menschen durchmachen, wenn sie dieses Reich verlassen, falls sie das jemals tun.« Er legt den Kopf in die Hände.

Überall um uns herum gehen die Menschen in den Tod. Die Lebenden fragen sich ängstlich, was sie mit den enormen Massen von Leichen tun sollen. Man schichtet riesige Feuer auf, doch die Dorfbewohner zittern vor Angst, daß sich die Krankheit sogar über den Rauch verbreiten könnte. Die Padres glauben, daß die Krankheit mit den Decken gekommen ist, und ordnen an, alle Decken zu verbrennen, aber es ist schon zu spät. Das ist der Zorn ungesühnter Energie.

Chon arbeitet unermüdlich, aber erfolglos. Die Padres bedrängen die Sterbenden, Jesu Cristo vor ihrem Tode anzunehmen. Einige der Dorfbewohner geben verzweifelt nach. Sie werden mit Öl gesalbt und müssen sich eine kleine, weiße Waffel in den Mund legen lassen, doch es gibt keine Besserung.

Als fast alle gestorben sind und die Padres schon ihre Abreise erwägen, bemerke ich eine Pocke auf meiner Stirn. Panikerfüllt sehe ich Chon an. Er hat eine im Gesicht und einige mehr auf seinen Armen. Ich erschrecke.

»Chon! Wie kann das passieren? Die Krankheit ist durch die Schwelle gebrochen! Werden auch wir sterben?« keuche ich. »Ich möchte nicht so sterben!«

»Das ist noch nicht alles«, sagt er. »Die Eroberer haben die Zahl der Menschen dezimiert. Vielleicht ist nicht mehr genug Wissen übrig, um das Fortbestehen unserer Kultur sicherzustellen. Wir müssen retten, was wir können, Merilyn.« Chons Gesicht zerspringt vor Traurigkeit.

Wir hören die Padres näher kommen. Sie platzen in unsere Hütte und fangen an, Chon zu beschuldigen, die Plage herbeigeholt zu haben, weil er die Bücher des Teufels hortete. Die Padres sind wütend und plündern den Raum. Dabei greifen sie auch nach der Strohmatte, die die Falltür verdeckt.

Ein böses Lächeln zieht über ihr Gesicht. Gierig holen sie die mehr als zweihundert Bücher aus dem unterirdischen Versteck. Als sie sie durchblättern, lachen sie über die Hieroglyphen und Zahlen, dann werfen sie die Bücher wie Unrat auf einen großen Haufen vor der Türschwelle.

*Voller Furcht sehen Chon und ich einander an, während sie die Verbrennung der Bücher vorbereiten. »Ohne unser Wissen kommen wir vielleicht nicht zurück!« sagt er mir. Ich weiche zurück, als die Padres Brennmaterial um die Jahrhunderte von gehütetem Wissen entfachen.*

*»Erinnerung kommt von innen«, sagt Chon schließlich und starrt gebannt auf die größer werdende Flamme. »Vertraust du mir?«*

*Ich nicke. Er greift nach meiner Hand. Kühn stürzen wir aus der Tür und springen in das Feuer.*

*Die Mitte hat sich noch nicht entzündet, doch wird die fleischverbrennende Hitze von stürmischen Flammen umringt. Meine Nasenlöcher und Lungen brennen vor Rauch. Da stehen wir, aneinandergeschmiegt, auf dem Gipfel unseres Grabhügels von verbranntem Wissen und Geschichte. Die Padres schreien uns an und beten um Erlösung. Was wir getan haben, ist ihnen vollkommen fremd.*

*Als ich sie vor Entsetzen schreien höre, gibt es im Feuerring eine Lichtexplosion, und ich stehe vor Kukulkan auf dem brennenden Scheiterhaufen. Jetzt sind er und ich es, die von Flammen umgeben flackern. Chon ist weg. Kukulkan hebt ein Buch aus dem entzündeten Stoß, der um uns herum wütet. Er hält mir das Buch entgegen, bis ich es aus seiner Hand nehme. Dann lächelt er, und wir explodieren in einen weiteren, blendenden Blitz.*

Ich erwachte in dem kalten Strom über den Ruinen von Palenque. Ich lag rücklings vollkommen im Wasser eingetaucht. Die Morgendämmerung brach herein, und Chon und John Black Crow waren bei mir und versuchten, mich wiederzubeleben. Ich sah in das wettergegerbte Gesicht und auf das dicke, weiße Haar von John Black Crow, der auf mich herunterlächelte.

»Wir machen besser, daß wir hier herauskommen«, sagte Chon. »Es wird bald Morgen, und unser Anblick würde bestimmt Aufsehen erregen. Kannst du gehen, Merilyn?«

»Ich kann mich nicht mal bewegen«, brachte ich mühsam hervor.

John und Chon nahmen jeweils einen meiner durchweichten Arme. Sie hoben mich ohne große Mühe hoch, was mich überraschte, aber eigentlich normal war. Als sie merkten, daß ich nicht gehen konnte, lud John mich mit der Kraft eines Holzfällers auf den Rücken. So zogen wir los; er trug mich fast eine Meile lang huckepack einen schwachen Anstieg hoch.

Ich war überwältigt von der Kraft und Entschlossenheit dieses achtundneunzig Jahre alten Indianers. Ich schlang meine Arme um seinen Hals und seine Schultern und vergrub mein Gesicht in seinem weißen Haar. Ich genoß die Kraft seiner Gegenwart.

»Verlaß mich nicht, John«, sagte ich zu ihm. Ich war überzeugt, daß mich John Black Crows Kriegerwille auf die höchsten Berge von Tibet hätte tragen können, die so weiß schimmerten, wie sein glänzendes Haar auf dem adlergleichen Kopf.

Ich war Heidi, die auf dem Rücken ihres Großvaters saß, während über dem Dschungel die Sonne aufging. In Regenbogenfarben erwachten die Blüten wie jeden Morgen, um ein Loblied zu singen und sich sinnenerregend zu entfalten. Das war ewig veränderliches, überwirkliches Leben und Bewußtsein. Die schweren Düfte des Regenwaldes versuchten, mich in ihre üppige Mitte zu ziehen, als sich mein Kopf in sie hineindrehte und wirbelte. Ein großer limettengrüner Schmetterling flatterte den Tanz des Lichts, und meine Wange schmiegte sich an meinen Arm, während ich ihm folgte.

Als wir wieder bei Esmeralda eintrafen, verfrachtete mich Chon in die Behandlungshütte. Ich schlief sofort ein. Meine Träume waren sehr traurig und zerbrechlich, wie Tautropfen aufgefangenen Vogelgesangs, die an einem Spinnennetz hängen, oder wie zitternde Harfensaiten im stöhnenden Wind.

# 16. Kapitel

Chon und John merkten, daß ich Zeit für mich brauchte. Aus meinen glasigen Augen strömten Unmengen von Tränen, während ich zusah, wie Kukulkans Welt sich auflöste und durch den Nebel verschwand. Ich gab die letzten, schnell vergehenden Bilder vom Halach Uinic und vom Feuer frei, das die heiligen Bücher der Maya zerstörte. Offen gesagt wollte ich einfach sterben. Tagelang rollte ich mich in meiner Hängematte in eine Embryonallage, während mir Chon und John Black Crow Essen brachten, in der Hoffnung, daß ich etwas zu mir nehmen würde.

Klein Manik hüpfte besorgt umher und versuchte mit wenig Erfolg, mich zurück ins Leben zu holen. Nachts spielte John auf seiner Flöte, und ich sprach auf ihre unvergeßlichen, sehnsüchtigen Melodien an. Während ich der Flöte lauschte, fragte ich mich, was in dem Buch stand, das Kukulkan mir gereicht hatte. Was konnte es bloß enthalten? Ich ahnte, daß das Geheimnis des Buches tief in mein Inneres geschrieben war.

Als sie sahen, daß sich mein Zustand verschlechterte, entschlossen sich Chon und John, mit mir über meine überwältigenden Gefühle zu sprechen, damit ich mich nicht vollständig verschlösse. Ich wußte nicht, wo ich anfangen sollte, doch schließlich stießen sie mit ihrer Beharrlichkeit zu mir vor.

»Wie ist das alles möglich?« fragte ich schließlich.

»Es sind die Zeiten«, sagte Chon. »Es ist möglich. Wir haben alle Augenblicke, wo wir mehr werden, als wir verstehen können. Wir werden hochgehoben.«

»Werde ich jetzt sterben?« Ich atmete tief ein und legte die Hand auf den Mund.

»Oft stehen wir erst dann auf und beginnen zu leben, wenn wir spüren, wie schnell uns das Leben entschlüpfen kann. Das passiert gerade mit dir«, beharrte John Black Crow.

»Was ist mit dem Halach Uinic?« Meine Gefühle übermannten mich.

Chon schloß die Augen. »Als er gebeten wurden, den Preis zu zahlen, konnte er es nicht.«

»Aber er starb!«

Er öffnete die Augen. »Und bereute es mit seinem letzten Atemzug«, beruhigte mich Chon. »Auf seine Art warst du ihm wichtig, das ist teilweise der Grund für deine jetzigen Gefühle. Er wußte, daß es besser war, Schluß zu machen. Vielleicht hat er etwas gelernt.«

Ich schluckte, ich fühlte wohl, daß Chon recht hatte.

»Es spricht für dich, daß du dir darum überhaupt Gedanken machst«, sagte John Black Crow voller Verachtung. »Wenn es so weit kommen muß, bis einer etwas lernt, dann scheiß drauf, sage ich.« Zum ersten Mal seit unserer Rückkehr mußten wir alle richtig lachen.

Chon kicherte mit der Hand vor dem Mund.

»Was hast du in jener Nacht gesehen, Chon?« fragte ich ihn, obwohl ich Angst hatte, daß mich seine Antwort noch mehr deprimieren könnte.

»Ich sah, daß die gegenwärtige Kultur Technologie als Stütze ihrer Energie benutzt, aber nicht so, wie ein Lahmer vielleicht einen Rollstuhl benutzt, um sich leichter fortzubewegen. Der Rollstuhl ist eine Herausforderung, die den Ein-

213

schränkungen trotzt. Technologie ist ein Opiat, da es die Energie von so vielen Menschen noch nicht für andere Zwecke freigesetzt hat. Diese jetzige Kultur ist schwach, aber das ist vielleicht gut, wenn man das Unheil betrachtet, das sie hervorgebracht hat. Sie erinnert sich kaum noch daran, was andere Kulturen gewesen sind, und noch weniger weiß sie davon, was noch aus uns werden könnte.

Ich habe die Krankheit, die du hast, als große Öffnung gesehen. Man braucht keine Verteidigung. Man muß sich nur dem Fluß überlassen und die Energie in den Körper strömen lassen. Die Erde und die Energie selbst müssen nicht erhalten, was wir sind, wenn wir sie bekämpfen. Die Menschen müssen über ihren Wert lernen, wie sie im Einklang mit allem anderen leben können. Für ihre Bedürfnisse müssen sie einsehen, daß Wollen und Haben einfach nicht genug ist. Darüber hinaus müssen sie sich natürlich gern haben.

Dann erblickte ich Formeln für zukünftige Entwicklung und erkannte, daß du deine Erfahrungen vielleicht niederschreiben und dich zu Wort melden solltest.«

»Was wäre denn damit erreicht?« fragte ich gereizt. Manik machte ein jämmerliches Gesicht.

Chon lächelte. »Schreib es auf und sieh, was passiert. Vielleicht geschieht irgend etwas. Du bist eine beeindruckende Frau, von hoher Geburt und mit guter Ausbildung. Man wird nicht erwarten, daß gerade du so sprichst, wo du doch glücklich und zufrieden sein müßtest mit all den Ehren, die du eingeheimst hast.« Chon betrachtete seine Hand, als bewundere er einen Ring. »Wo du doch eigentlich mit all dem hier nichts zu tun haben solltest. Die Menschen erwarten nicht, daß du ein Gefühl für andere Kulturen hast oder andere Wirklichkeiten begreifst, und sie denken vielleicht darüber nach, wie so etwas sein kann. Sie werden sich über deine Geschichten und deine Krankheit, über deine Art zu träumen und deinen fehlenden Zorn wundern. Vielleicht werden sich andere erinnern. Vielleicht werden einige Menschen sehen. Aber es kann auch sein, daß alles einfach vertrocknet und fortgeweht wird wie Staub im Wind, zurück bleibt nur eine Leere ohne die Anwesenheit des Geistes, der durch das Leben führt. Aber was auch passiert, du wirst frei sein.«

»Ich kann nicht davon ausgehen, daß es irgend etwas ändert. Ich bin ein Niemand«, antwortete ich und sah John tief in seine braunen Augen.

»Vielleicht soll das so sein.«

»Was hast du gesehen, John?«

»Ich sah, wie sich Bewußtsein von Form trennte...«, er zwickte sich in den Arm, um das Materielle darzustellen, »aufgrund der Art und Weise, wie wir beides mißbrauchen. Es muß nicht so sein, aber die Dinge bewegen sich jedenfalls in diese Richtung. Ich sah auch, wieviel Energie, Geist und Herz man braucht, um in dieser formlosen Welt gut zu existieren. Die meisten Menschen haben nicht den Mut, und darum haben sie Angst vor der nahenden Veränderung. Doch in der Zwischenzeit entwerten und zerstören sie die einzige physikalische Welt, die wir im Moment haben, und unterdrücken den Geist, und alles nur, weil ihnen der Mut fehlt. Der Wert dieser Welt ist unsere Brücke zu anderen Reichen und zu unserer wahren Existenz. Dann sah ich, wohin wir vielleicht gehen, wenn wir diese Welt verlassen. Ich sah, wie wir zusammen ins Unendliche explodierten«, schloß er.

Die Schönheit und Vollkommenheit ihrer Visionen verschlug mir den Atem.

»Was hast du gesehen?« fragten sie wieder beide gleichzeitig

215

mit großen Augen, tauschten dann Blicke aus und mußten über ihren Eifer lachen.

Ich gab meine gesamte Erfahrung vom Anfang bis zum Ende wieder. Sie waren vollkommen in meine Erzählung vertieft und schienen sich besonders für das Zimmer der Lichtwesen zu interessieren.

»Du hast also mit ihnen geredet?« fragte Chon fasziniert.

»Ja.«

Da berichteten sie beide ebenfalls, daß sie während ihrer Visionen den goldenen Kuppelsaal der Lichtwesen betreten hätten. Chon erklärte, daß es eine evolutionäre Erfahrung gewesen sei, die von den heiligen Pilzen hervorgerufen worden war.

»Ich habe mal gehört, wie die Hippies, die früher immer hierherkamen, sagten, daß die alten Maya ihre Vibrationen steigerten und sich in andere Dimensionen einklinkten oder sogar in Ufos«, kicherte Chon. »Es ist nicht so dumm, wie es klingt. Jetzt könnt ihr beide sehen, daß sie recht hatten.«

Wir brachen alle in großes Gelächter aus. Es war gut, wieder einmal so ausgelassen und entspannt zu sein. Manik versuchte, die gute Stimmung zu nutzen, um auf sich aufmerksam zu machen. Er sprang, sein Geschlechtsorgan haltend, auf und nieder. Da lagen wir endgültig grölend auf dem Boden.

»Wir arbeiten weiter daran.« John äffte Manik nach, indem er dem Affen seinen Unterkiefer entgegenschob. Der verstand den Witz zwar nicht, freute sich aber über die Zuwendung.

»Sag einmal, Merilyn«, fragte Chon, als sich die Heiterkeit ein wenig gelegt hatte und wir nur noch leise kicherten, »woran kannst du dich am besten erinnern, was Kukulkan betrifft?«

»Eigentlich an alles.« Ich hielt einen Moment inne. »Die Freiheit. Die Vision. Die liebende, gebende Art. Transzendenz. Die . . . Explosion.« Ich hielt meine Tränen zurück. »Er gab mir ein Buch. Ich war mir nicht sicher, ob ich es nehmen sollte. Jetzt würde ich am liebsten lesen können, was darin steht.« Eine Weile lang schwiegen wir alle. »Es war eins von unseren Büchern, aber es war irgendwie verändert.«

»Vielleicht wirst du es entschlüsseln«, erwiderte John kryptisch. »Und was deine Krankheit betrifft, so hört es sich wahrscheinlich seltsam und unverschämt an, aber ich meine, du solltest dir keine Gedanken darüber machen. Irgend etwas geht hier vor. Es sollte für sich selbst sprechen. Laßt uns zuhören.«

Chon nickte voll ehrfürchtiger Anerkennung, und ich tat es auch, dabei sah ich wieder tief in Johns feurige, aber milde Augen. Chon und John umarmten mich beide innig, und für den Rest des Tages verspürte ich ein beruhigendes, hoffnungsvolles Gefühl.


Wir verbrachten die verbleibenden Tage meines Besuchs in einem Zustand der Glückseligkeit. Chon nahm uns mit zu den Misol Ha-Wasserfällen, einem Hochgebirgsfluß allerreinsten Wassers, der im klarsten Aquamarin herunterrauscht. Wir besuchten auch Naha, die letzte Siedlung echter Dschungel-Maya, die immer noch den Ur-Dialekt von Palenque sprechen, so wie er zu seiner Hochzeit vor ungefähr dreizehnhundert Jahren gesprochen wurde. Der Dschungel um das Dorf herum war gelichtet, und es waren nur noch um die zweihundert dieser Menschen übrig, aber sie trugen noch immer ihre weißen Tuniken. Der alte weise Mann Chan Kin Viejo sagte, er freue sich, mich zu sehen.

Von Naha paddelten wir in einem Kanu, einem ausgehöhlten Baumstamm, den Usumacinta-Fluß hinunter bis nach Guatemala und besichtigten die Ruinen von Chons Heimat Tikal. Mir war dieser Ort nicht so vertraut wie Palenque oder Chichen Itza, aber für Chon war es eine wunderbare Erfahrung, die ihm besonders naheging. Mehrere Male zitterten seine Hände, als er die Steine an den für ihn äußerst wichtigen Stellen berührte und uns von ihrer Bedeutung erzählte. Das größte Schauspiel war die Hauptpyramide, das Juwel von Tikal, das höchste Gebäude, das ich je in der Welt der Maya gesehen hatte.

Wir reisten in die umgebende Bergregion, wohin die Maya im 16. Jahrhundert vor den Spaniern geflüchtet waren. Die Städtchen hier zeigten deutlich kolonialen Einfluß, aber dennoch waren die Häuser allesamt Yotochs. Frauen saßen an Webstühlen, die auf ihrem Rücken festgeschnallt waren, und webten Muster, die schon seit mehr als zweitausend Jahren getragen wurden.

Für die Heimreise nach Palenque stiegen wir wieder in unseren altvertrauten Zug, der auf Chichen Itza auf der Yucatan-Halbinsel zufuhr. Als wir so weit wie möglich mit der Bahn gefahren waren, stiegen wir drei aus und nahmen für den Rest des Weges einen Bus.

Die Stätte war immer noch so überwältigend, wie ich sie in Erinnerung hatte. Die riesige Pyramide für Kukulkan war von der mexikanischen Regierung teilweise wiederaufgebaut worden. Dennoch war die ganze Terracottafarbe weggewaschen und nicht wieder erneuert worden. Ich bezweifelte, daß man sie jemals wiederherstellen würde. Heutzutage wußte niemand, wie die Reliefs zu färben waren.

Wir gingen zur heiligen Quelle hinunter und saßen dort lange Zeit, während der Wind auffrischte und uns um die Ohren blies. Das Wasser war jetzt grüner als damals. Genau über der Quelle wurde in einem kleinen Strohhäuschen von jungen Maya-Frauen, die buntbestickte Blusen trugen, frischer Ananassaft verkauft. Sie begrüßten die Menschen meistens in ihrem eigenen Dialekt und ließen für die Touristen einige Wörter in akzentgefärbtem Spanisch oder Englisch einfließen.

Nachdem wir dort ein paar Stunden verbracht hatten, wanderten wir zurück zum Hauptteil der ehemaligen Stadt. Zusammen mit Chon und John stieg ich auf die Spitze des Tempels der Krieger. Obenauf saß noch immer zurückgelehnt der riesige Chac Mool mit seiner enormen Bauchplatte, die leer war. Am hinteren Ende des oberen Tempels befand sich eine Steintafel, auf der den Opfern das Rückgrat gebrochen wurde, sowie das Gemach, aus dem der Halach Uinic hervortrat. Ich fuhr mit meiner Hand über den Stein.

Am Fuße des Tempels bummelten wir die tausend verwitterten Säulen entlang, die den Tempel umsäumen, dann schlugen wir den Weg hinunter ein, auf die Sternwarte zu. Ihr Dach war teilweise abgetragen und gab nun den Blick auf den labyrinthartigen Innenausbau frei. Es sah aus wie ein altes Schneckenhaus, das von urzeitlichen Wassermassen hochgespült worden war.

Gegenüber des Observatoriums befanden sich die Ruinen des Nonnenklosters. Chon und ich gingen hinein, und er tat so, als entzünde er eine Wandfackel, während ich mich auf den Boden setzte. Die steinernen Bögen schienen mir niedrig zu sein, und der Fels wirkte alt, doch ich konnte mich immer noch an die Einrichtung des Schlafgemachs um die Ecke erinnern, wenn ich die Augen schloß!

Ich fuhr uns in einem gemieteten Volkswagen die Küste hinunter auf Tulum zu. Es gab keine Spur mehr von der Holzkirche, die die Missionare errichtet hatten. Ein großes Leguanpaar sonnte sich auf den Felsblöcken an den Klippen. Unter uns lagen Kilometer unberührten Strandes, der im Licht der Sonne wellengleich dahinrollte. Die Dschungelpalmen wiegten sich im Wind. Die funkelnde Karibik war für uns unwiderstehlich, so stürzten wir den sandigen Abhang hinunter, zogen uns bis auf die Unterwäsche aus und sprangen ins Wasser.

Als wir den Abhang wieder hochkletterten, fand ich eine trichterförmige Schneckenmuschel und einen kleinen, gelblichbraunen Schmetterling im Sand. Abends gingen wir zu einem Fischrestaurant, um Abschied vom Meer zu feiern; wir waren alle drei vollkommen ausgelassen. Wir alberten herum, lachten und klopften auf den Tisch, weil wir noch mehr essen wollten. Die Kellnerinnen, örtliche Maya Mädchen, schienen belustigt darüber, wie wir uns aufführten, hinter der Theke redeten und lachten sie über uns.

Am nächsten Morgen fuhren wir in einem bunten mexikanischen Zweiteklassebus, an dem die Jungfrau Maria und die am Rückspiegel baumelnden Würfel natürlich nicht fehlten, die Küste hoch nach Xcaret, dem Ort des heiligen, rituellen Bades. Noch immer schwammen die Delphine sowie eine Vielzahl wunderschöner, tropischer Fische im kristallklaren Wasser. Wir wateten hinein und trieben durch die unterirdischen Höhlen, beleuchtet von Scheinwerfern aus Sonnenstrahlen, die durch runde Himmelslöcher oben hereinfielen.

Abends erreichten wir Uxmal, die alte Universitätsstadt der Maya. Wir beobachten die Schwalben, die in der Dämmerung über den Ruinen kreisten, und sahen dann den Hof und die Pyramiden in den Farben eines wunderschönen mexikanischen Sonnenuntergangs erstrahlen. Als wir zwischen den Gebäuden umhergingen, erinnerte mich Chon daran, daß die Lehrer das fünfzigste Lebensjahr vollendet haben mußten, bevor sie in Uxmal ansässig werden durften, und daß diese großartigen Lehrer riesige Panzer von Meeresschildkröten als schmückende Brustpanzer trugen, die die Weisheit des langen Lebens symbolisierten.

In jener Nacht träumten wir, flogen und erinnerten uns. Am nächsten Tag machten wir uns im Bus nach Palenque auf die Rückreise. Obwohl ich noch müde war, hielt ich mich auf meinem Sitz wach, damit ich keinen dieser letzten Augenblicke mit den beiden versäumte. John zeigte während der Fahrt durch das Fenster auf mehrere hoch oben schwebende Falken.

Als wir am folgenden Nachmittag in Palenque ankamen, war Esmeralda gerade aus Guatemala zurückgekehrt, und im Restaurant herrschte bis zum Schluß Partystimmung. Jedesmal, wenn ich an Esmeralda vorbeiging, klopfte sie mir freudig auf den Rücken, und wir drei saßen in der Küche und sprachen mit ihr, während sie kochte.

Wir erzählten von unserer Reise zu den verschiedenen Stätten der Maya, während sich alle mit Esmeraldas köstlichem Essen den Bauch vollschlugen. Danach unterhielten wir uns bis spät in die Nacht. Wir saßen um ein Feuer herum, um die Moskitos fernzuhalten. Als wir aufbrachen, sagte John, er wolle für den übernächsten Tag einen Charterflug nach Mexiko-Stadt buchen. Das brachte mich zurück in die Realität. So war ich ein wenig traurig, als ich mich entschuldigte und zu Bett ging.

*Ich träume von einem wunderschönen Fluß von Licht, der voller Musik durch die Himmel fließt wie die Milchstraße. Ich steige zu ihm auf und schreite hinüber, wobei sich meine Füße auflösen. Auf der anderen Seite befindet sich ein erleuchtetes Land, etwa wie eine höhere Ebene der Erde. Lange Zeit wandere ich alleine, bis ich die Umrisse von Lebewesen sehe, die die Ufer nicht verlassen. Sie müssen dort sitzen und wehmütig in die spiegelgleichen Wasser blicken, eine Ewigkeit lang all die vergangenen, vertanen Bilder betrachten, bis sie abwärts strudeln.*

*Einige freie Wesen kommen mir entgegen und führen mich an einen anderen Ort. Ihre Körper sind hell, golden und friedvoll. Sie haben hohe, längliche Köpfe. Wir gelangen an einen heiligen See, einen wirbelnden, schimmernden Strudel. Dies ist die Stelle, von der aus man fortgerufen wird, sie ist von Engeln umringt: wunderschöne, wandernde Lichter, ätherisch vibrierende Töne und dargebotene Gefühle. Die Engel rufen wie heulende Wölfe in den Strudel. Ihre Töne erreichen seine äußersten Grenzen, und sie zeigen mir, wie man zum See singt.*

*Sie erzählen mir, daß ich als Frau verlorenes Leben aus dem Strudel ziehen kann, und machen mir vor, wie ich bis in sein wirbelndes Herz vorstoße. Es ist einfach meine eigene kreative Energie und meine Sehnsucht im Zusammenspiel mit dem Strudel, die das Auftauchen der ersehnten Menschen hervorrufen. Ich bin verzaubert, und sie sagen mir, daß ich dort so lange bleiben könne, wie ich wolle. Ich spüre, daß ich die Hüterin des heiligen Sees werden würde, wenn ich dort eine Ewigkeit bliebe.*

*Ich rufe das Bild von Richard herbei und dann das meiner Urgroßmutter, von John Black Crow und Chon, dann das des Halach Uinic und schließlich das Bild meines verlorenen Coyol.*

*Ich sehe sie frei, schön, vollkommen und umgeben von heilenden und segnenden Energien.*

*Dann sagen die Engel mir, ich solle selbst hineinspringen. Als ich das tue, löse ich mich vollständig in seiner Energie auf. Sie rufen und schicken Lichtstrahlen ins Wasser. Dadurch erhitzt es sich, so daß es blubbert und wie ein Geysir hochschießt. Ich bin mitten in diesem wirbelnden, aufsteigenden Strom flüssigen Lichts.*

*Als ich heraussteige, kann ich mich mit vielen Menschen vereinen, mit jenen, die mir geholfen haben, und jenen, denen ich helfen wollte oder etwas anbot. Geister kommen mit Botschaften zu mir. Ich danke den Engeln und senke mich dann zurück durch den wäßrigen Lichttunnel zu meinem Körper auf der Erde und steige durch den Kopf und das Herz wieder hinein, glänzend und silbern.*

Am Morgen erwartete mich Chon am Frühstückstisch, weil er den Tag mit mir verbringen wollte. Wir aßen schweigend, während John sich in einer Hängematte entspannte, die unter den Mangobäumen hing. Esmeralda öffnete das Restaurant an diesem Tag nicht. Später gingen wir alle zusammen in die Stadt und schauten uns im einzigen Kino einen Nachmittagsfilm an. Es war ein ziemlich ungewöhnlicher chinesischer Film über eine Familie von Zirkusakrobaten.

An dem Abend aßen wir in einem Restaurant in der Stadt und boten einen recht festlichen Anblick. Esmeralda trug ein neues, buntes Kleid, und ich hatte den schönsten Rock und die festlichste Bluse hervorgeholt, die ich mitgenommen hatte. Danach spazierten wir unter dem abnehmenden Mond aufgedreht zum Platz. Wir setzten uns auf Bänke und lachten, sahen den Ballonverkäufern zu, lauschten den Harfenspielern mit ihren Volksweisen und aßen die Leckereien der Hausierer wie geröstete Maiskörner und Kokosnußscheiben.

Es war spät, als wir zu Esmeraldas Haus zurückkehrten, und nachdem die Männer zu Bett gegangen waren, fragte ich sie, ob sie mir das Haar schneiden würde. Sie holte eine Schüssel mit Wasser und eine Schere, während ich unter einem hohen Avocadobaum auf einem Stuhl mit gerader Rückenlehne saß.

»Bist du dir sicher, daß ich das tun soll?« fragte sie. »Dein langes Haar sieht so hübsch aus.«

»Ich bin mir sicher«, sagte ich. »Es wird jetzt zu umständlich für mich. Flechte mir zwei Zöpfe.« Ich sah in die Schüssel mit Wasser hinunter, in der sich das letzte Viertel des Mondes spiegelte.

Sie nickte. »Wie kurz willst du es denn haben?« fragte sie, während sie mit einem nassen Kamm durch meine langen Strähnen fuhr.

»Ungefähr bis zur Schulter«, antwortete ich. »Und schneide mir einen Pony. Ägyptische Art.« Ich lachte.

»Wie ihn auch einige Maya tragen«, kicherte sie und fing an, sich vorne an meinen Haaren zu schaffen zu machen.

»Esmeralda, was glaubst du, warum Chon nie geheiratet hat?« fragte ich sie mit der Neugier eines Kindes.

Sie blickte mir nachsichtig in die Augen, während sich in ihren die nächtlichen Lichter spiegelten. »Ach, weißt du, viele Heiler heiraten nie. Sie haben zuviel Arbeit, und dafür brauchen sie unglaublich viel Energie. Aber wenn du etwas über seine Frauen wissen willst: Ich glaube, er mag sie gern jung.«

Wir lachten beide. Sie flocht einen seitlichen Zopf, schnitt ihn ab, entwirrte die Haare wieder und begradigte alles. Dann trat sie einen Schritt zurück, um den Unterschied zu bewundern. »Nicht schlecht«, sagte sie. »Und am liebsten hat er die mit dem Weizenhaar, so wie du«, fügte sie hinzu, während sie sich auf der anderen Seite zu schaffen machte. Ich wurde furchtbar rot.

Aus meinen abgeschnittenen Zöpfen machten wir zwei Bündel, indem wir bunte Satinstreifen darum wickelten, die sie beiseite gelegt hatte, um bestickte Beutelchen daraus zu machen. Nun holte sie einen Spiegel nach draußen und hängte ihn an den Baum neben der Regentonne, so daß ich ihre Arbeit begutachten konnte. Ich mußte zugeben, daß es besser aussah, weil es mich jünger machte. Ich überlegte, das Haar sogar noch kürzer schneiden zu lassen.

Beim Frühstück am nächsten Morgen, nachdem sich die anderen überrascht, aber anerkennend über mein Haar geäußert hatten, tat Esmeralda so, als mache sie mit einer leeren Kamera Fotos von uns. Wir nahmen in verschiedenen Gruppierungen angeberische Posen ein und brachen zwischendurch immer wieder in Gelächter aus. Der Rest des Morgens verging langsam, während ich packte. Chon kam in die Hütte, als ich gerade meine Siebensachen in den Koffer stopfte.

»Ich weiß nicht, ob ich das ertrage«, flüsterte ich ihm zu.

Er setzte sich in die Hängematte. »Es ist sehr schwer. Ich überrasche mich dabei, daß ich mir wünsche, daß es nicht so sein muß. Warum kann nicht jemand anders diese Aufgabe erfüllen? Aber wenn es nicht an dir wäre, würden wir auch nicht auf diese Weise zusammen sein.«

»Ich möchte nicht weg!«

»Du mußt so lange fortgehen, bis du diese Sache hinter dich gebracht hast. Weißt du, was du zu tun hast?« fragte er und rieb sich über die Stirn.

»Ja«, sagte ich. »Wirklich.«

»Das ist gut.« Er lächelte. »Wenn es erledigt ist, dann denke daran, daß du zu uns gehörst.« Ich lief zu ihm und umarmte ihn eine kleine Ewigkeit lang. Dann reichte ich ihm ein Päckchen mit einem meiner abgeschnittenen Zöpfe und fühlte mich gar nicht albern dabei.

»Willst du Manik mitnehmen?« fragte er und wischte sich schnell über die Augen. »Er würde dir gerne helfen.«

»Ich glaube nicht, daß ich ihn über die Grenze bekomme.«

»So wie ich«, überlegte Chon. »Dann nimm seine gute Absicht mit. Weißt du, was sein Name bedeutet?«

Ich rief mir meine Grundkenntnisse in Maya ins Gedächtnis. »Überwindet den Tod?«

»So wie du«, lächelte Chon. Wir machten meinen Koffer zu und lächelten einander an.


Es war ungefähr drei Uhr nachmittags, wir mußten aufbrechen. Chon wandte uns den Rücken zu, als wir aus dem Haus traten und uns in den gemieteten Jeep zwängten. Dann drehte er sich um 180 Grad und winkte, als wir davonfuhren. John und ich waren sehr still. Der Wind zerzauste unser Haar. Wir versuchten beide, nicht zurückzusehen.

Der Charterflug war außergewöhnlich schön. In der Luft baten wir den Piloten, eine Runde über den Ruinen zu drehen, und er ging darauf ein, weil er teilweise Maya war. Der Blick auf die Tempel aus der Luft war wie aus einer anderen Welt, als ob sie von den Göttern nach einem Gesamtplan konstruiert worden waren. Ihre Erhabenheit, Feierlichkeit, Standhaftigkeit und Abgeschiedenheit war vollkommen mystisch. Ich verabschiedete mich fürs erste von ihnen.

Esmeralda hatte John eine Tüte mit Tamales mitgegeben, die wir uns auf dem Flug nach Mexiko-Stadt teilten. Es gab Yucca-

Tamales mit Mandeln, Ananas mit Rosinen und wilden Truthahn mit Kürbiskernsauce. Ich lehnte meinen Kopf an John Black Crows Schulter, als wir hoch oben durch die Wolken flogen.

Bald landeten wir im unglaublichen Trubel auf dem Flughafen von Mexiko-Stadt. Aus Angst, daß wir in der Menge getrennt werden könnten und John Black Crow mir entrissen würde, hielt ich krampfhaft seine Hand umklammert. Während ich auf meinen Flug wartete, setzten wir uns in ein Café und unterhielten uns.

»Ich weiß, wie du dich fühlst«, sagte John bei einem Glas Mineralwasser. »So haben wir uns schon am Anfang im Reservat gefühlt. Und jetzt noch immer. Es ist so, als würde einem alles entrissen, was man liebt, alles, mit dem man verbunden ist.«

Ich nickte.

»Was wartet dort auf dich, wo du hingehst?« fragte er und klopfte gegen seine Flasche, um zu sehen, ob sie noch Wasser enthielt. Dann bestellte er beim Kellner eine neue.

»Nichts als Erinnerungen und Pflichten. Die Menschen dort verstehen mich nicht richtig. Es ist leer dort.«

»Eine ideale Situation. Aber deine Freunde werden zu dir durchdringen«, sagte John. »Da bin ich mir sicher. Dein Verlobter kam doch von dort, oder?«

»Du erinnerst dich noch an Richard?« fragte ich ihn, verblüfft, daß er diese alte Geschichte nach so langer Zeit nicht vergessen hatte.

»Natürlich«, antwortete er. »Er half, dich zu mir zu bringen, weißt du noch? Jetzt wird er dich wieder führen und wird dir helfen zu überleben, solange du zu Hause bist.«

»Das ist ja so, als müßte ich mich auf die Hilfe eines toten Verlobten verlassen«, sagte ich leicht bitter.

John lächelte seltsam. »Unterschätze nicht die Hilfe aus der Geisterwelt, Merilyn.«

»Das hast du wie ein wahrer Indianer gesagt.«

»Zu Ihren Diensten«, grinste er, und wir mußten beide lachen. Ich gab ihm das andere Päckchen mit meinem Zopf darin.

»Ich werde an dich denken, Goldlocke«, sagte er, nahm das Haar und steckte es in die Brusttasche seines blauen Hemdes.

Ich bezahlte mein Ticket. Seltsamerweise kaufte John keins. Wir saßen im Terminal und warteten darauf, daß mein Flug aufgerufen würde. Nach einer Stunde brachte mich John zur Abfertigung mit dem Metalldetektor. Weiter konnte er nicht gehen.

Ich verspürte unheimliche Angst, durch die Abfertigung zu treten und ohne John Black Crow fortzugehen. Ich klammerte mich an ihn, bis ich den Eindruck hatte, daß jeder auf dem Flughafen innehielt, um uns anzustarren. Tatsächlich glühte um uns ein gelbliches, ovales Licht, als wir uns umarmten, und es gab ein zeitloses Schweigen, ein Summen. Als wir uns aus der Umarmung lösten, merkte ich, daß wir niemandem aufgefallen waren.

»Siehst du? Für sie bin ich nur ein Holzindianer«, sagte er.

Ich lächelte ihn an. Als ich vorsichtig durch die Abfertigung ging, spürte ich hinter mir einen Lichtblitz. Verzweifelt wirbelte ich herum, aber John Black Crow war von der Stelle verschwunden, an der er noch vor einem Moment gestanden hatte.

Das Flugzeug startete mit Verspätung, was für den Flughafen von Mexiko-Stadt nichts Ungewöhnliches war. Ich saß auf meinem Platz und dachte über Chon und John Black Crow nach. Schließlich forderte die emotionale Anspannung des Abschieds ihr Recht, und ich fiel in einen leichten Schlaf.

*Ich träume davon, daß wir drei zusammen in Naha sind und im Kanu den glitzernden Usumacinta hinunterfahren auf eine Stelle zu, an der ganz viele Blumen auf das Wasser gestreut sind. Dort wartet in einem anderen Kanu, das auf den Blütenblättern schaukelt, Kukulkan auf uns. Er lächelt.*
*Ich träume, daß ich wieder im Hochland von Chiapas bin und der tanzende Priester mit der weißen Steinmaske, die mir der heilige Jaguar gegeben hatte, in den Nebel geht. Ich hole ihn ein und klopfe ihm auf die linke Schulter. Verwundert dreht er sich um, und ich ziehe ihm die Maske vom Gesicht und lasse sie auf den Boden in den Schnee fallen. Hinter der heiligen weißen Steinmaske befindet sich eine glühende Lichtleere. Ich verbeuge mich und mache mich durch den nebligen Strudel des Träumens davon. John Black Crow ruft durch den Nebel: »Es gibt immer noch Coyol. Geh nach Yuma.«*

Vielleicht hat Chon recht, daß ich durch mein Schreiben entschlüssele, was im heiligen Buch steht, das Kukulkan mir gab. Das wäre wunderschön!

# Aussprache der Maya-Wörter

Als die Spanier bei den amerikanischen Ureinwohnern ankamen, stellte sich ihnen das Problem, die Maya-Sprache, wie Chinesisch eine Sprache aus Schriftzeichen, mit den Mitteln des kastilischen Alphabets darzustellen. Zur Rechtfertigung der Zerstörung tausender Bücher, die den Maya gehörten, behaupteten die spanischen Missionare, daß all die Aufzeichungen, Prophezeiungen, Berechnungen und Tempelhieroglyphen von Primitiven stammten und nichts bedeuteten. Daher kann die Aussprache der Maya-und Nahuatl-Wörter in diesem Buch nur über das kastilische Alphabet erklärt werden.

Man muß jedoch immer im Hinterkopf haben, daß es sich hier nur um grobe sprachliche Anlehnungen handelt. Sie beschränken sich auf das, was durch die Anwendung ähnlicher Laute im Kastilischen und Englischen phonetisch ausgedrückt werden kann.

VOKALE

A = a wie in »Ha!«
E = ej wie in »hej«
I = i wie in »nie«
O = o wie in »froh«
U = u wie in »zu«

KONSONANTEN

B = b oder w
C (vor A, O oder U) = k, (vor E und I) = ß
D = d
F = f
G (vor A, O oder U) = g, (vor E und I) = h
H = oft stumm. Gelegentlich wird es auch ausgesprochen. Weil in späteren Transkriptionen das aspirierte englische »H« benutzt wurde.
J = h
K = k
L = l
M = m
N = n
Ñ = nj wie in »Canyon«
P = p
Qu = k (wird nur mit E und I benutzt)
R = r (gerollt)
S = s
T = t
V = b oder w
X = sch (in späteren Transkriptionen ist X = h)
Y = y
Z = ß

VOKALVERBINDUNGEN
Doppelvokale werden diphthongiert (zusammengezogen):
Uinic = ui-niek
Kahau = ka-hau

Dreiervokale werden triphthongiert, so wie bei dem Mazatec-Pilzdorf Huautla de Jiménez.

Huautla  =  uaut-la, waut-la oder wowt-la

## KONSONANTENVERBINDUNGEN

| | |
|---|---|
| CH | = tsch |
| LL | = j |
| TL | = tl wie in »little« |
| TZ | = ts wie in »Matratze« |

## ANDERE VERBINDUNGEN

CU  =  kw, wenn es in Verbindung mit zwei oder drei anderen Vokalen zusammen benutzt wird:

Cuautla  =  kwaut-la

## BETONUNG

Generell liegt die Betonung eines Maya-Wortes auf der letzten Silbe.